イスラエル

臼杵 陽
Akira Usuki

岩波新書
1182

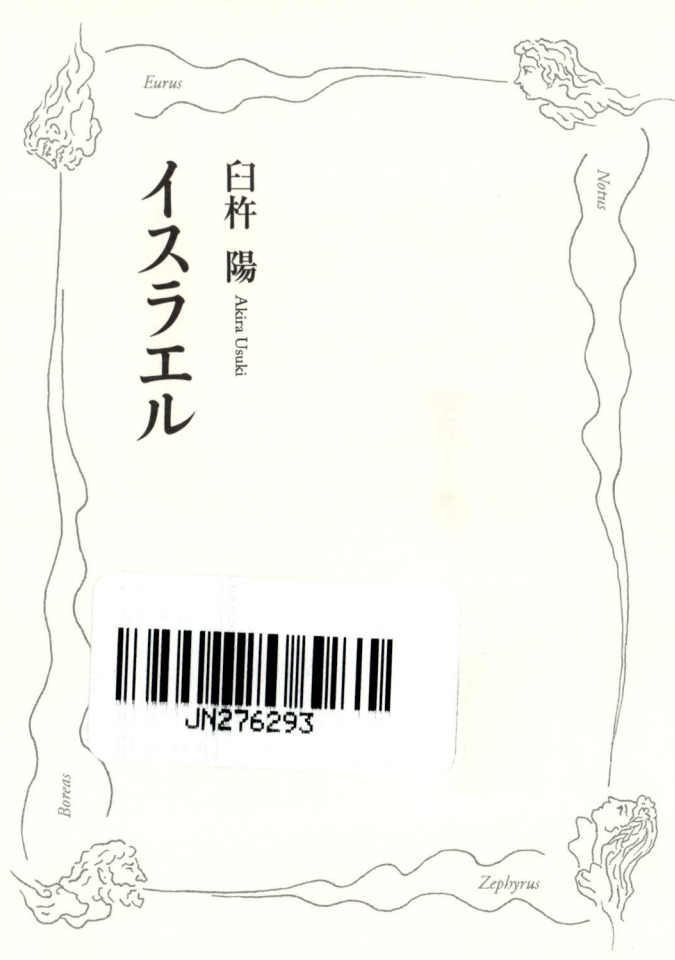

はじめに

イスラエルに関してどんなイメージをもっているだろうか。シャイロック、アインシュタイン、アンネ・フランクなどといった有名なユダヤ人の名前が挙がるかもしれない。いやいや、それはイスラエルではなく、ユダヤ人のイメージだろうという反論も予想される。しかし、シャイロックの商人的狡賢《ずるがしこ》さ、アインシュタインの天才に代表されるユダヤ的知性、ホロコースト(ユダヤ人大虐殺)の犠牲者としてのアンネ・フランクといった、いくつかに類型化されるユダヤ人に対する固定的なイメージが、現実のイスラエル像に投影されてしまっているとはいえないだろうか。

この著名な三人のユダヤ人は、実際には現実に成立したイスラエル国家とは直接かかわっていない。にもかかわらず、イスラエルという国家は、ヨーロッパのユダヤ人の伝統と連続的に語られてしまうことがしばしばある。イスラエルとは欧米世界の流浪の民であるユダヤ人が建設した「ユダヤ国家」だという常識的な前提があるから、ヨーロッパのユダヤ人と関連させて語られてしまうのである。

私自身は一九九〇年代初頭、イスラエルに二年間滞在した。そのときにイスラエルという国は「博物館」だという言い方をしばしば耳にした。まず、イスラエルは世界各地からやって来たユダヤ人が構成する移民国家だから、さまざまな風俗・習慣をもつユダヤ人が集まっているという意味で「文化の博物館」である。また、ユダヤ人はイスラエル移民前に住んでいた地域の言語を日常的に使っていたので、イスラエルは「言語の博物館」でもある。イディッシュ語、ロシア語、ポーランド語、ドイツ語、フランス語、英語、アラビア語、トルコ語、ペルシア語等々である。こうしたユダヤ人のあり方の多様性を象徴する施設といえば、テル・アヴィヴ大学のキャンパス内にあるディアスポラ博物館であろう。さまざまな離散の地におけるユダヤ人の豊かな文化的伝統を、過去と現在とを交差させつつ、展示している。ユダヤ人は多様な文化を包摂した民族であることを展示によって雄弁に語っている。

多様性と統一性

このように、イスラエルに住む個々のユダヤ人の文化的背景が多様であるにもかかわらず、やはりユダヤ人はユダヤ教に基づくユダヤ文化を共有しており、ユダヤ民族として一つであるという考え方も当然ながら根強い。むしろイスラエル国家としては、ユダヤ人の統一性と多様性の微妙なバランスの中で、ユダヤ人としての民族性をこれまで再生産してきたともいえる。

アラブ人という少数派

このようなイスラエルのユダヤ的性格を考えるには、イスラエル国内に居住する非ユダヤ人としてのアラブ人という民族的なマイノリティ（少数派）を念頭に置く必要があろう。イスラエルの中ではよそ者(他者)として位置づけられている。

彼らは、イスラエル建国前のイギリスによる委任統治期のパレスチナに住んでいたアラブ人であり、建国を境にして難民にならずにイスラエルに残った人びとである。そのようなアラブ人はいわば「先住民族」といってもいいのかもしれない。もちろん、そのほとんどはイスラエル国籍/市民権をもっているので、イスラエル人と呼ぶこともできる。

なお、彼ら以外の多くのアラブ人は、イスラエル建国期の前後に難民となってパレスチナを離れ、その後も故郷に戻ることができずに、アラブ難民(パレスチナ難民)となってしまった。

イスラエル人はユダヤ人か

イスラエル人にはアラブ人も含まれているといってしまうと、「イスラエル人とは誰なのだ? ユダヤ人ではないのか?」という疑問が当然出てくる。もちろん、このような疑問は、イスラエルはユダヤ人で構成される国民国家＝民族国家だという「常識」を前提としているからこそ出てくるのである。しかし、イスラエル人にはアラブ人も含まれるので、ユダヤ人とは区別しなければならないとなると、「ユダヤ人であること」と「イスラエル人であること」には、ずれがあることになる。

本書でイスラエル人という場合には、イスラエルの国籍/市民権をもつ住民という意味で使用することになる。少なくとも本書を読むにあたっては、「イスラエル人＝ユダヤ人」という等式をとりあえず棚上げしておいていただきたい。最初から迷路に迷い込むような議論になったが、「イスラエルはユダヤ国家である」という言い回しは、民族・エスニシティ・宗教・宗派などの観点から多様なイスラエル社会の現実を見えなくしてしまう。だからこそ、このような多様な現実を見ていくという立場からイスラエルを考えていこうというのが、本書の基本的なスタンスなのである。

「ユダヤ国家」へのこだわり

しかし、なぜわざわざこのようなスタンスを取る必要があるのか。それはイスラエルの多くの人びとが今後もずっと「ユダヤ国家」であり続けようと望んでいるからである。イスラエルはユダヤ人のための国民国家でなければならず、そのためにはユダヤ人がイスラエルで多数派を占めなければ「ユダヤ国家」という看板をはずさなければならなくなってしまう。したがって、イスラエルがユダヤ国家でなければならないという立場は、国是として絶対に譲れない。

だからこそイスラエルは、ユダヤ人が多数派である国家を防衛するために、イスラエルの安全保障を脅かす「敵」に対しては、武力などの暴力を含むありとあらゆる手段を講じることになる。軍事国家イスラエルはユダヤ国家の生存のためには武力行使を厭わず、その行使を軍事的・政治的に正当化できるのである。その最たる事例が、エルサレムのユダヤ化政策と分離壁の建設である。

イスラエルは一九六七年の第三次中東戦争で、ヨルダンからエルサレムを含むヨルダン川西岸、エジプトからガザ、そしてシリアからゴラン高原を奪い取った。エルサレムに関しては、占領直後、ヨルダン領であった東エルサレムを併合して、東西統一のエルサレムをイスラエルの永久の首都であると宣言した。東西統一エルサレムがイスラエルの首都である以上、ユダヤ人が常に多数派を占める都市でなければならない。したがって、エルサレムのアラブ人の人口を極小化し、ユダヤ人の人口を極大化するユダヤ化政策が実施され始めたのである。要するに、安全保障だとか、非合法の居住者だとか、いろいろな理由をつけてエルサレムからアラブ人住民を追い出すという政策である。

エルサレムだけではない。イスラエルは一九六七年以降、占領地である「国内」にパレスチナ人人口を抱え込んでしまった。一方で、占領した領域における「ユダヤ化」を促進するためにユダヤ人入植地の建設を強行するとともに、安全保障上の理由からパレスチナ人の土地を奪うこともしばしばであった。占領地を含むイスラエルのユダヤ的性格を護るために、イスラエルはパレスチナ人に対する過剰な暴力を伴う攻撃性を発揮することもある。同時に、イスラエルとヨルダン川西岸の間に分離壁を建設することで、イスラエルにおいてユダヤ人が多数派であることを維持しようとしている。もちろん、その公式の名目はパレスチナ人テロリストの侵入を阻止することであるが、むしろイスラエルのユダヤ的性格を堅持するための防壁という側面の方が前面に出ている。

本書では、建国前からの歴史をたどりながら、イスラエルの多文化主義的な現実とユダヤ国家でなければならないという理念のはざまで切り裂かれて苦慮するイスラエルの姿を描き出したいと考えている。

「ユダヤ国家」とは

最後に、本書で使用する用語で最も難しい問題について触れておきたい。本書では「ユダヤ人国家」とはせずに、「ユダヤ国家」としている。その詳細は次章で説明することになるが、「ユダヤ国家」という表現は、ユダヤ人の民族集団のための「ユダヤ民族国家」としてのあり方とユダヤ教徒という信徒集団のための「ユダヤ教国家」としてのあり方が相互に微妙に重なり合いながら二重の意味合いをもっている。

実は「ユダヤ人」という表現も、本書では「ユダヤ人／教徒」と表現したいところだが、煩雑になるので「ユダヤ人」に統一している。また、先述のとおり、イスラエル人という場合はイスラエル国籍／市民権をもっている人という意味で使用するが、イスラエル・アラブ人といった場合には「イスラエル国籍をもっているアラブ人」ということになるし、自分のことをパレスチナ人だとみなしている人であれば「イスラエル・パレスチナ人」という表現もできるということをあらかじめ指摘しておきたい。

目　次

目　次

年表

1881年～	第1波ユダヤ人移民(アリヤー)
1897年	第1回世界シオニスト会議
1905年～	第2波ユダヤ人移民
1917年11月	バルフォア宣言
1920年 4月	サンレモ会議
1922年 6月	チャーチル白書
7月	国際連盟，パレスチナ委任統治を承認
1929年 8月	歎きの壁事件
1933年 1月	ナチス政権成立
1936～39年	アラブ大反乱
1937年 7月	王立調査団報告(ピール報告)公表
1939年 5月	マクドナルド白書
1942年 5月	ビルトモア綱領
1946年 4月	英米調査委員会報告
1947年11月	国連パレスチナ分割決議
1948年 5月	イスラエル独立宣言，第1次中東戦争勃発
1949年1～7月	アラブ諸国と休戦協定締結
1952年 9月	西ドイツと戦後補償協定締結
1956年10月	第2次中東戦争(スエズ戦争)
1961年 4月	アイヒマン裁判
1963年 6月	ベングリオン首相辞任
1967年 6月	第3次中東戦争(六日間戦争)
1968年 1月	イスラエル労働党結成
1972年 9月	ミュンヘン・オリンピック村事件
1973年10月	第4次中東戦争(ヨーム・キップール戦争)
1977年 5月	リクード党政権成立
1979年 3月	イスラエル・エジプト平和条約締結
1980年 7月	首都エルサレム基本法制定
1982年 6月	レバノン戦争
1987年12月	第1次インティファーダ勃発
1991年 1月	湾岸戦争勃発
10月	マドリード中東和平会議
1993年 9月	オスロ合意締結
1994年10月	イスラエル・ヨルダン平和条約締結
1995年11月	ラビン首相暗殺
2000年 7月	キャンプ・デーヴィッド会談決裂
9月	第2次インティファーダ勃発
2001年 3月	シャロン政権成立

2001年 9 月	9・11事件
2002年 3 月	イスラエル軍，パレスチナ自治区侵攻
2003年 3 月	イラク戦争勃発
4 月	ロードマップ和平案公表
2004年11月	アラファト議長死去
2005年 9 月	イスラエル軍，ガザ撤退・入植地撤去
11月	カディーマ党結成
2006年 5 月	オルメルト政権成立
7 月	イスラエル軍，レバノン攻撃
2008年12月	イスラエル軍，ガザ攻撃

歴代首相

1948年 5 月14日〜	ダヴィド・ベングリオン	マパイ
1954年 1 月26日〜	モシェ・シャレット	マパイ
1955年11月 3 日〜	ダヴィド・ベングリオン	マパイ
1963年 6 月26日〜	レヴィ・エシュコル	マパイ
1969年 2 月26日〜	イガール・アロン(臨時首相)	労働党
3 月17日〜	ゴルダ・メイール	労働党
1974年 6 月 3 日〜	イツハク・ラビン	労働党
1977年 6 月20日〜	メナヘム・ベギン	リクード
1983年10月10日〜	イツハク・シャミール	リクード
1984年 9 月13日〜	シモン・ペレス	労働党
1986年10月20日〜	イツハク・シャミール	リクード
1992年 7 月13日〜	イツハク・ラビン	労働党
1995年11月 4 日〜	シモン・ペレス(臨時首相)	労働党
11月22日〜	シモン・ペレス	労働党
1996年 6 月18日〜	ベンヤミン・ネタニヤーフ	リクード
1999年 7 月 6 日〜	エフード・バラク	労働党
2001年 3 月 7 日〜	アリエル・シャロン	リクード
2006年 1 月 4 日〜	エフード・オルメルト(首相代理)	カディーマ
4 月14日〜	エフード・オルメルト(臨時首相)	カディーマ
5 月 4 日〜	エフード・オルメルト	カディーマ
2009年 3 月31日〜	ベンヤミン・ネタニヤーフ	リクード

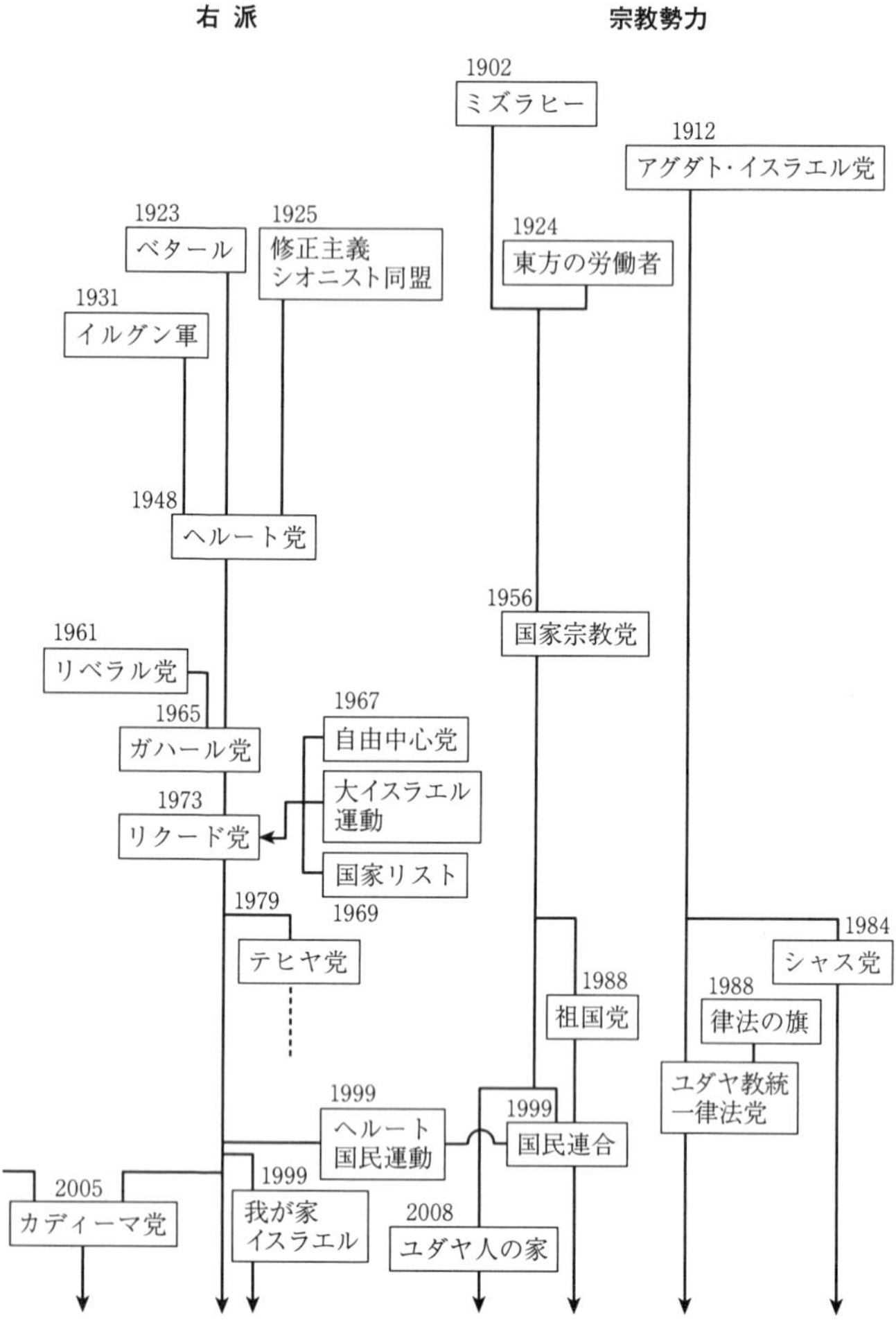
右派
宗教勢力
1902
ミズラヒー
1912
アグダト・イスラエル党
1923
ベタール
1925
修正主義
シオニスト同盟
1924
東方の労働者
1931
イルグン軍
1948
ヘルート党
1956
国家宗教党
1961
リベラル党
1965
ガハール党
1967
自由中心党
大イスラエル
運動
1973
リクード党
国家リスト
1969
1979
テヒヤ党
1984
シャス党
1988
祖国党
1988
律法の旗
ユダヤ教統
一律法党
1999
ヘルート
国民運動
1999
国民連合
2005
カディーマ党
1999
我が家
イスラエル
2008
ユダヤ人の家

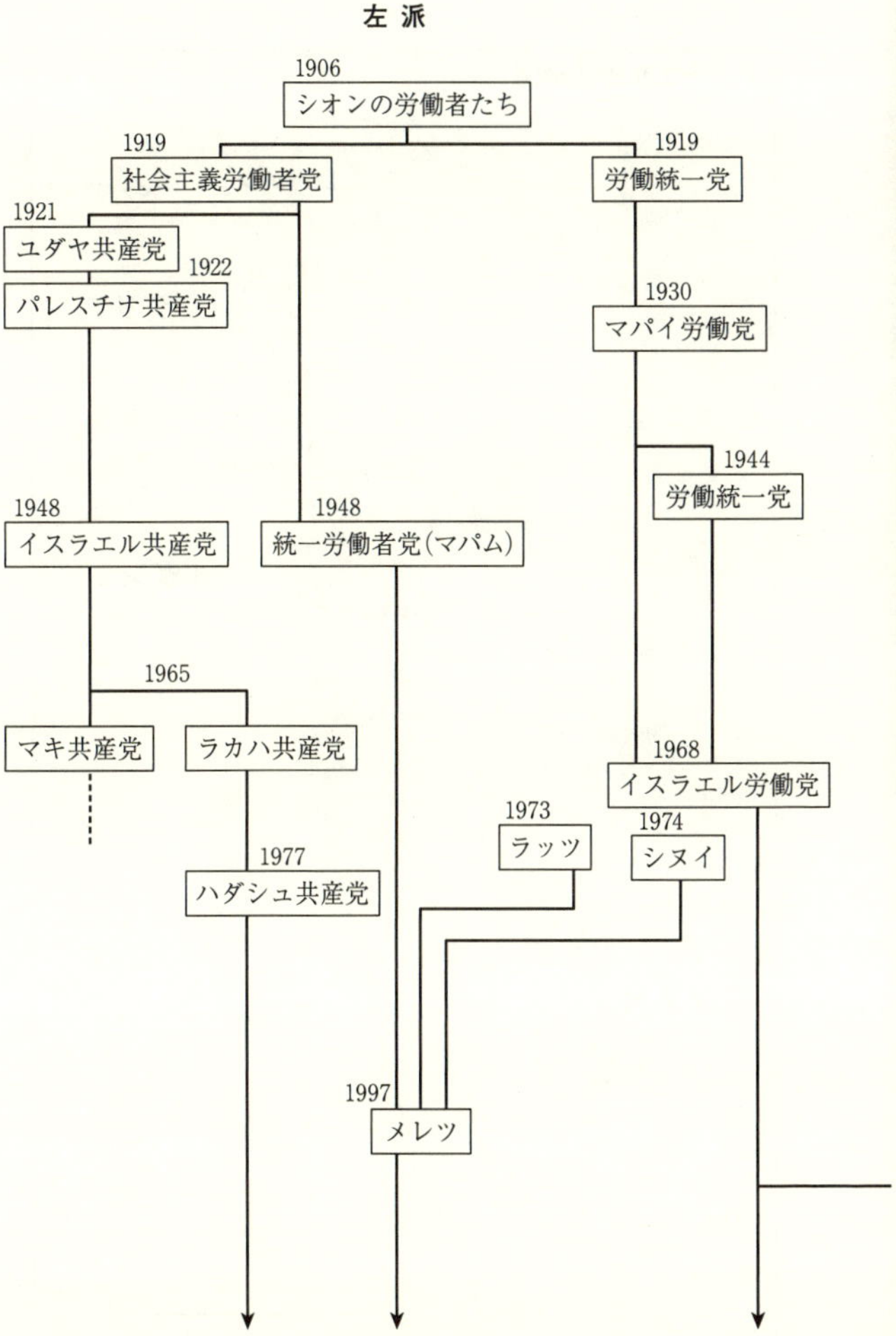

イスラエル国会の政治勢力の変化（アラブ系およびロシア系政党は除いた）

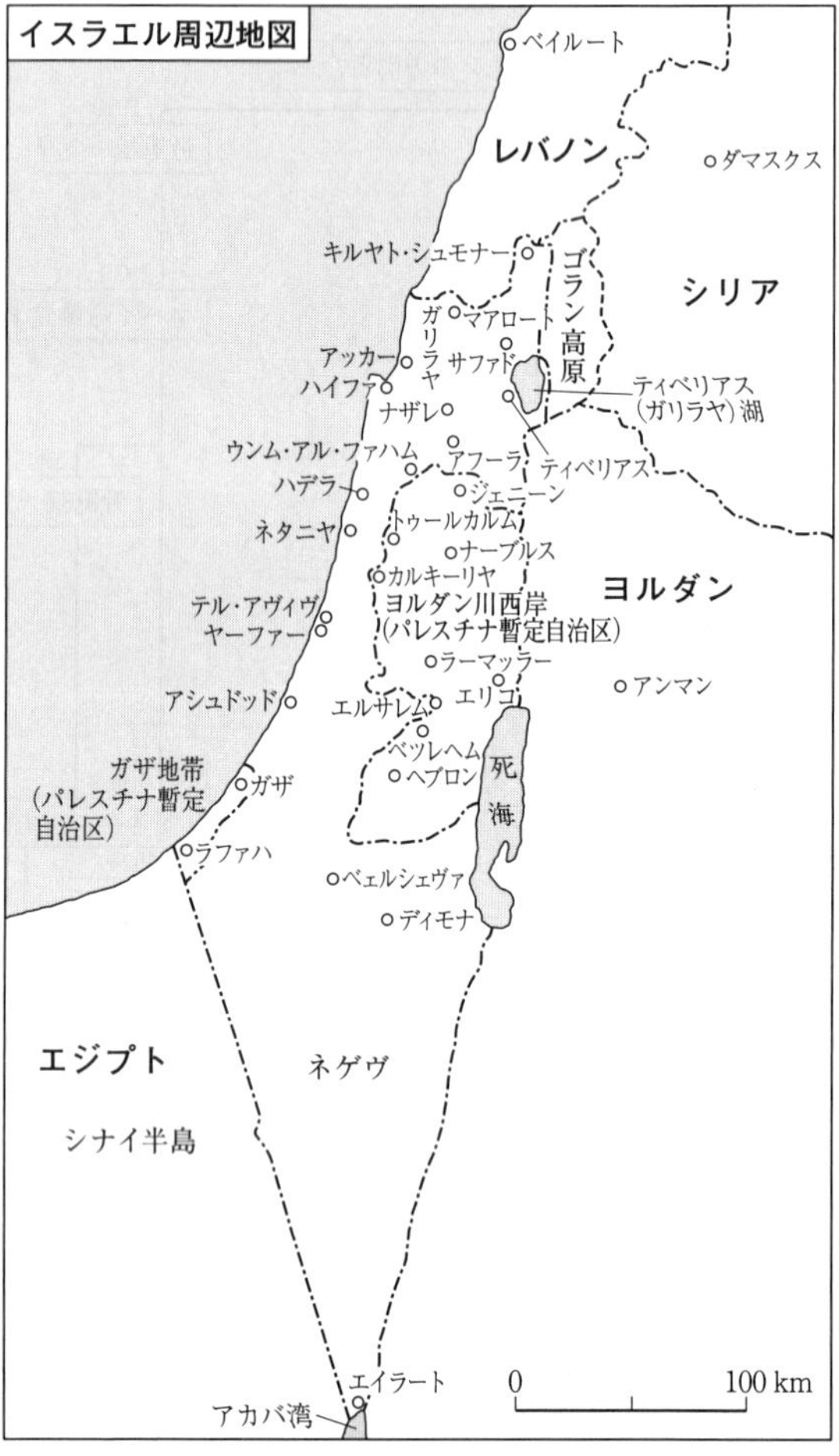
ベイルート
レバノン
ダマスクス
キルヤト・シュモナー
ゴラン高原
シリア
マアロート
ガリラヤ
サファド
アッカー
ハイファ
ティベリアス(ガリラヤ)湖
ナザレ
ウンム・アル・ファハム
アフーラ
ティベリアス
ハデラ
ジェニーン
トゥールカルム
ネタニヤ
ナーブルス
カルキーリヤ
ヨルダン
テル・アヴィヴ
ヤーファー
ヨルダン川西岸
(パレスチナ暫定自治区)
ラーマッラー
アンマン
アシュドッド
エリコ
エルサレム
ベツレヘム
ガザ地帯
(パレスチナ暫定自治区)
ガザ
ヘブロン
死海
ラファハ
ベェルシェヴァ
ディモナ
エジプト
ネゲヴ
シナイ半島
エイラート
アカバ湾
0
100 km
イスラエル周辺地図

第1章

統合と分裂のイスラエル社会

エルサレムの路上で言い争うシャロン支持者(右)と左翼活動家(APImages)

1　ユダヤ民族とユダヤ教のはざまで――超正統派ユダヤ教徒と世俗的ユダヤ人

イスラエルは新しい移民の国である。イスラエルの街を歩いていると、日本人であってもヘブライ語で道や時間を尋ねられることがある。相手が誰であっても、とにかくイスラエルにいればヘブライ語がしゃべれるはずだということが前提になっているのであろう。今でもイスラエルへの新たな移民の波は続いている。世界中の地域からユダヤ人がイスラエルに集まってきている。イスラエルは、移民国家であるアメリカ合衆国と同じように「人種の坩堝《るつぼ》」などといわれたりもする。

人種の坩堝

実際、街を歩いてみると、「ユダヤ国家」とはいいながら、実に多様な人びとが住んでいることがわかる。ユダヤ人とはいっても、東欧・ロシア出身の「白人」からエチオピア系の「黒人」までさまざまである。髪の毛、皮膚や瞳の色など、人類学でいう「形質的特徴」にはなんら共通性がないといっても過言ではない。にもかかわらず、ユダヤ人としての民族意識は共有しているところが、イスラエルという移民国家の特徴ともいえるのである。

イスラエルには建国前からこの地に住んでいるアラブ人が人口の二割近くもいる。イスラエル中央統計局によれば、二〇〇八年一二月現在でイスラエルの人口は約七三七万人、そのうちアラブ人が約一四八万人である。この住民はイスラエル国籍をもつ市民である。イスラエル人といっても、外見だけではユダヤ人であるのか、アラブ人であるのか、まったく判断がつかない。もちろん、キッパ（ヘブライ語でニット状の頭蓋帽）やヤムルカ（イディッシュ語で超正統派ユダヤ教徒の黒い頭蓋帽）などの丸い小さな皿状の帽子をかぶっている男性はユダヤ教徒であることがすぐにわかる。逆にいえば、身体的な外見だけではわからないので、あえてそうしなければ、間違えられるということなのである。

多文化・多宗教社会

イスラエルは一九六七年六月に聖地エルサレムを占領して併合した。これにより、イスラエルは宗教という観点からも事実上、多文化社会になった。ユダヤ教、キリスト教、そしてイスラームという三つの一神教の信徒が住んでいるのはもちろんであるが、北部の港町ハイファには、イランで生まれた新宗教のバハーイー教の拠点もある。また、同じキリスト教とはいっても、ヨーロッパのカトリックやプロテスタント諸派のキリスト教とは異なった宗派もあり、ヨーロッパ側が「東方諸教会」と呼んできた諸教会に属しているキリスト教徒もいる。

例えば、ギリシア正教徒をはじめとして、カトリック教徒やその傘下にある合同（帰一）教会に分類されるメルキット派やマロン派、さらにはシリア正教会やアッシリア正教会といった単性論派キリスト教の信徒もいる。さらに、一九世紀以降に欧米のキリスト教宣教師の宣教活動の下で改宗したプロテスタント諸派の信者もいる。キリスト教徒はイスラエル国民とはいってもアラブ意識をもっており、日常的にはアラビア語を母語として生活しているが、イスラエル市民である以上、日常生活に不可欠なヘブライ語にも堪能である。

超正統派ユダヤ教徒たち

イスラエルに移民してきたユダヤ人の場合、その出身地や同じような文化的背景ごとに集住する傾向がある。なかでも異形で際立っているのが超正統派ユダヤ教徒である。その居住地区として、エルサレムにはメア・シェアリーム、テル・アヴィヴ近郊にはブネイ・ブラクなどがある。この人びとは暑い夏でも黒い服を着ている。カフターンと呼ばれる黒色のフロックコートを日常的に着用し、黒い帽子をかぶり、長いひげを蓄え、鬢《びん》にはピオートと呼ばれる巻き毛をたらしている。この信徒集団は、イスラエル社会では外見上も日常生活でも区別される社会集団になっている。

例えば、超正統派ユダヤ教徒に属する一家が集合住宅に入居すると、そのアパートからは次第に世俗的なユダヤ人は出て行って、いつのまにか超正統派ばかりになってしまう。というのも、この人びとはユダヤ教の教えに文字通り忠実だからである。金曜日の日没から始まる安息日(シャバト)にはいっさいの労働を禁止されているので、彼らの住む地区で自動車を運転することもまかりならず、不届き者が車でこの地域に入ってこようものなら、凄まじい抗議を行ない、挙句の果てに実力で車の乗り入れを阻止してしまうこともあるからである。居住区域にバリケードを作って車が入れないようにしてしまったりして、警官隊と衝突したりするニュースが流れることもしばしばある。

エルサレムの超正統派ユダヤ教徒たちの住む居住地区は、一見すると一八世紀東欧のシュテットル（ユダヤ人居住区）の雰囲気を彷彿《ほうふつ》させ、郷愁を誘う古いたたずまいを残している。東欧・ロシアからこの地に移民してきたときの生活を維持しているからである。敬虔な男性は信仰のために生活のすべてを捧げて神への祈りに専心し、その妻が働いて家計を支えている場合が少なくない。また子供の数も多い。だからこそ、ユダヤ教信仰をまっとうするためには、政府からの補助金は不可欠なのである。

ところが、このような信仰に篤い超正統派ユダヤ教徒の人びとは、イスラエル国民に課せられている男子約三年間の兵役の義務も免除され、女性の信徒は兵役の代替として社会福祉などに従事すればいいことになっているために、この信徒集団に対する一般のユダヤ系イスラエル国民の風当たりは相当に強い。もちろん、イスラエル人口の二割強しかいないといわれる超正統派ユダヤ教徒を、イスラエル社会の代表とみなすことができないのは当然である。

超正統派ユダヤ教徒の拠点としてはアメリカのニューヨークがある。ニューヨークは超正統派の日常語であったイディッシュ語文化の中心でもある。超正統派のネットワークの網の中で、イスラエルとアメリカは移民を介してつながっている。

世界のユダヤ人社会

移民国家イスラエルを人口供給面で支えているのは、世界中に離散しているユダヤ人社会である。現在でも世界で最大のユダヤ人人口を擁する国家はアメリカ合衆国であり、「ユダヤ国家」のイスラエルではない。イスラエルの五九〇万人に対して、アメリカのユダヤ人人口は六五〇万人ともいわれる。「いわれる」と表現したのは、アメリカでは政教分離の原則から宗教・宗派別の人口統計を取らないので、正確な数字はわからないためである。二一世紀に入ってイスラエルのユダヤ人人口がアメリカを上回ったという統計もあるので、確かではない

それはともかくとして、世界に離散しているユダヤ人は、一説によれば約一三〇〇万人といわれ、アメリカのユダヤ人が半数を占めている。世界のユダヤ人は、イスラエルの基本法である「帰還法」にしたがってイスラエルに自由に移民し、イスラエル国籍を取得することが可能である。イスラエルは二重国籍も認めているために、イスラエル移民以前に居住していた国が二重国籍の所持を認めてさえいれば、もともとの居住国の国籍を放棄することなく、例えば、アメリカ旅券とイスラエル旅券を同時に所持しつつ、二つの「祖国」のあいだを往来しながら生きることができる。

ディアスポラとイスラエル

ユダヤ人は長い間、ディアスポラ(離散)状態に置かれてきた。ユダヤ国家イスラエルが一九四八年に建国されてから、とりわけイスラエルとディアスポラの

相互関係が、ユダヤ人アイデンティティを考える場合に重要になっている。

離散の地におけるユダヤ人は、その居住地に生活の現実がある。それぞれ所属する国家の市民として生きているし、その社会に溶け込んで同化していると感じている場合が多い。ところが他方で、キリスト教社会の中で宗教的・民族的な少数派として生きている以上、ユダヤ人迫害を伴う暴力的な反ユダヤ主義の波がいつ襲ってくるかもしれないという潜在的な恐怖心が存在する。ユダヤ国家は離散状態にあるユダヤ人にとって、非ユダヤ人社会における物理的暴力に対する安全な避難所として確保されなければならないのである。

イスラエルで一九五〇年に制定された「帰還法」は、世界各地において反ユダヤ主義が広がってユダヤ人の安全が保てなくなった場合、いつでも避難地としてイスラエルに逃げてくることができるという意味で、安全のための担保になっている。このような発想の前提として、いつ反ユダヤ主義の悪夢が再び蔓延するかわからないという悲観的な現状認識が、ユダヤ人には共有されている。もちろん、このような認識は、第二次世界大戦中のナチスによるホロコーストや、それ以前にヨーロッパ社会にはびこったユダヤ人迫害の数々の惨禍から学んできた教訓でもある。

シオニズムと反ユダヤ主義

ユダヤ人を理由もなく迫害する反ユダヤ主義が蔓延するような社会では生きていけない。そうした信念から導きだされたのが、ユダヤ国家を建設しようというシオニズムである。詳しくは次章で述べるが、シオニズムは、ユダヤ人が流浪の民のまま自分たちの国家をもたずに他所《よそ》の国で生活している以上、迫害されるのは当然であるから、自分たちの努力でユダヤ人のための民族国家をイスラエルの地に建設して、安全を確保しようというナショナリズムの考え方に基づいている。つまり、シオニズムとは、反ユダヤ主義への対抗策としてのユダヤ人ナショナリズムであり、反ユダヤ主義とシオニズムとはコインの表裏の関係なのである。ヨーロッパ社会で反ユダヤ主義がなくならないかぎり、シオニズムはずっとナショナリズムとしてのエネルギーを保つことができるということになる。

イスラエル人という国民意識

離散したユダヤ人がイスラエルに「帰還」すると、ヘブライ語をウルパンと呼ばれる語学校で学んで習得しなければ、公職に就くことができない。イスラエル人という国民意識の強化は、こうした言語教育はもちろんのこと、徴兵制度を通じても再生産されてきた。男子には約三年の、また女子には約二年の兵役義務がある。イスラエル国民としての自覚が強化されていくことは、離散のユダヤ人意識とは異なり、パトリオティズム(祖国意識)とも呼ぶべきイスラエル人意識を育むことになった。

さらに、イスラエル人の中にはかつてに比べて少なくなったとはいえ、「マサダ・コンプレックス」とも呼ぶべき、自分たちは外敵に包囲されて孤立しているという意識がある。アラブ世界からの軍事的な攻撃がいつあるかわからない状況の中で、イスラエル国家の生存そのものが危機にあるという国防観が依然として強い。つまり、かつてローマ帝国の攻撃に抵抗してマサダ山の砦《とりで》にこもって玉砕したユダヤ人の英雄たちが体験した困難を、現代イスラエル国家もアラブ世界の包囲によって同様に経験しているというものである。

　イスラエル人という国民意識は、離散のユダヤ人の民族意識とのあいだで微妙なずれが広がりつつある。最近ではイスラエルで生まれて、イスラエルの国籍しかもたないユダヤ人も増えている。かつて離散状態にあったユダヤ人は、国境や文化の境界のはざまで生きていたために、多言語併用が当たり前だった。ところが、ヘブライ語以外の外国語を、教育を通じてしか習得できない若者の数が増加の一途をたどっている。かつてのようなコスモポリタン的なユダヤ人意識が希薄な世代が増加しているのである。さらに言えば、最近ではイスラエルから海外に出て行ってそのまま留まる「イスラエル人ディアスポラ」も形成され始めている。このような若い世代は、ユダヤ人としてよりもイスラエル人として国外に離散して住んでいるという意識をもち始めているのである。しかし同時に考えなければならないのは、一九七〇年代以降、宗教としてのユダヤ教が離散のユダヤ人との絆として強まりつつあるという事実である。

「誰がユダヤ人か?」問題

　イスラエルにおけるユダヤ人のアイデンティティ問題のありようを「ユダヤ人／教徒」と表現することがある。ユダヤ人といえばすべてがユダヤ教徒だろうと考えるかもしれないが、ことはそう単純ではない。「誰がユダヤ人か？」問題と呼ばれる、民族と宗教をめぐる議論が、イスラエルで湧き起こっているからである。この問題は、イスラエル建国の根本的理念を揺るがしかねない。それは次のような問題を引き起こしているからである。

例えば、アメリカでユダヤ教徒でない人が、ユダヤ教改革派あるいは保守派のラビの下でユダヤ教徒に改宗したとする。自分は「ユダヤ人になった」のだからイスラエルに移民しようと、イスラエル国籍を取得するために、イスラエル当局に申請することになる。国籍取得の事務手続きを管轄するのは、イスラエル内務省である。内務省は「帰還法」にしたがってしかるべき手続きを進め、その人は無事にイスラエル国籍を取得することになる。ところが、そのユダヤ人がイスラエル国籍を取得して、自分をユダヤ人だと自己認識していたところで、イスラエルの宗教行政を管轄している首席ラビ庁は、そのユダヤ人を正式には「ユダヤ教徒」として認めない場合があるのである。どういうことだろうか。

そのユダヤ人がイスラエルでは正式にユダヤ教徒になることのできない背景には、ユダヤ教の内部事情がある。アメリカなどにおいては改革派や保守派のユダヤ教徒が多数を占めており、それぞれ自由な信仰生活を営んでいる。ところが、イスラエルでは、正統派ユダヤ教徒が人口の上で主流派を形成しているのである。とりわけ、イスラエルの首席ラビ庁は、正統派ユダヤ教徒によって牛耳られているために、ユダヤ教改革派および保守派をイスラエルにおける公式のユダヤ教の「宗派」としては認めていない。たとえアメリカのラビが改宗させ、イスラエル内務省が「ユダヤ人」と認めても、イスラエルにおいてもう一度イスラエル正統派ユダヤ教徒ラビの下で難しい試験を受けて正統派ユダヤ教に再改宗しなければ、イスラエルでは真正の「ユダヤ教徒」として認められないのである。

この例は、「誰がユダヤ人か？」問題がユダヤ人の宗教的アイデンティティを強調する方向で展開していることを示している。この背景には、宗教復興運動の高まり、そしてイスラエル国会（クネセト）において超正統派ユダヤ教宗教政党の躍進があった。

宗教政党の躍進

こうした宗教復興の動きは、一九七〇年代から徐々に顕在化していった。とりわけ、一九七三年の第四次中東戦争（イスラエルは「ヨーム・キップール戦争」と呼ぶ）における緒戦で「敗北」を喫したことが、イスラエル社会に強い衝撃を与え、宗教復興を促した。

この衝撃は、戦争直後に結成された宗教シオニストの戦闘的な政治集団、グーシュ・エムニーム（信徒の陣営）の誕生に象徴される。グーシュ・エムニームは、聖書の逐語的解釈に基づいてエレツ・イスラエル（イスラエルの地）全体への入植を正当化して大イスラエル主義を唱えた。この宗教的政治運動は実際にヨルダン川西岸・ガザなどのイスラエル占領地に強硬な入植活動を行なったのである。

このグループの出現の母体になったのが、宗教シオニスト政党の国家宗教党（マフダル）であった。宗教シオニズムとは、シオニズムをユダヤ教の文脈で正当化するメシア（救世主）観にその特徴があり、ユダヤ国家設立運動であるシオニズムに邁進することが、エレツ・イスラエルにメシアが来臨するまでのプロセスを早めるという考え方をもっていた。このような考え方は、もともと世俗的なユダヤ民族運動であったシオニズムを、ユダヤ教の文脈で再解釈し直したもので、いわゆる「ユダヤ教原理主義（ファンダメンタリズム）」の主要な二潮流の一つとみなされている。

ユダヤ教原理主義

ちなみに、「ユダヤ教原理主義」のもう一つの潮流は、前述の超正統派ユダヤ教徒、つまり、ハレディーム（「敬虔な人びと」の意）と呼ばれる人びとである。イスラエルのみならず、ニューヨークなどでも大きな勢力となっている。超正統派ユダヤ教徒にもさらに二つの流れがある。一つはユダヤ神秘主義（ハシディズム）の流れを汲む人びとで、もう一つはハシディズムに反対して聖書をより厳格に解釈するミトナゲディーム（反対派）の人びとである。世俗的なイスラエル社会では両者は厳密に区別されず、他称としてハレディームと一括して呼ばれている。

いずれにせよ、このような宗教的に厳格な諸潮流の台頭が、「誰がユダヤ人か？」問題を先鋭化させ、世俗的で多文化的な民族国家イスラエルの理念を揺るがしつつあるのである。

2　ヨーロッパ的イスラエルの中の「オリエント」
——アシュケナジームとミズラヒーム

イスラエル社会におけるユダヤ人をめぐる状況を理解するためには、ユダヤ人内部のエスニックな構成も踏まえておく必要がある。というのも、ユダヤ人とはいっても、その分類法、そして狭義と広義の使用法に関して、しばしば混乱が見られるからである。

アシュケナジームとスファラディーム

ユダヤ人をアシュケナジームとスファラディームに分類することはよく知られている。ヘブライ語の狭義の意味としてはアシュケナジームは「ドイツ系ユダヤ人」であり、スファラディームは「スペイン系ユダヤ人」である。アシュケナジームはもともとライン川沿いのドイツに住んでいて、のちに東欧・ロシアに移住したユダヤ人で、ドイツ語によく似たイディッシュ語(ヘブライ文字を使った中世高地ドイツ語でスラブ系言語の影響も受けている)をしゃべっている人びとである。また、スファラディームは一四九二年にスペインを追放されて地中海沿岸地域を中心に離散したユダヤ人で、主にラディーノ語(ヘブライ文字を使ったスペイン語で中世カスティーリャ方言)をしゃべっている人びとである。スファラードというヘブライ語は現在でも「スペイン」を意味している。

しかし、この二つの用語法が広義に使用された場合、アシュケナジームは欧米系ユダヤ人全般を指す場合がしばしばあり、イスラエル人口統計上の分類における「ヨーロッパ・アメリカ大陸出身者」にも重なる。また、スファラディームは非欧米系ユダヤ人全般を指すことがあり、人口統計上でも「アジア・アフリカ大陸」出身者と重なる。

広義の用語法

このような広義の使い方が生じている要因の一つとして、イスラエルの首席ラビ庁に、アシュケナジー系首席ラビとスファラディー系首席ラビという二つのユダヤ教の宗教的公職が存在していることがある。というのも、イスラエルの宗教行政では、この二つの宗教的公職がそれぞれのユダヤ教の宗派コミュニティの信仰生活に関係する宗務行政を管轄しているからである。

例えば、アフリカ出身のエチオピア系移民をどちらの首席ラビが扱うかという問題になると、エチオピア系は狭義にはスファラディー系ではないにもかかわらず、スファラディー系首席ラビの管轄になる。というのも、スファラディー系首席ラビがアジア・アフリカ出身のユダヤ教徒を管轄しているからであり、そのために広義の「非欧米系ユダヤ人」という意味でのスファラディームの定義が成立することになるのである。

アシュケナジームの主導性

ユダヤ国家建設運動であるシオニズムを主導したのも、また一九世紀末からパレスチナへの移民・入植を行なってきたのも、アシュケナジームであった。また、アシュケナジームはイスラエル建国においても主導的な役割を果たして、建国後も政治・社会・経済・文化といったあらゆるレベルでヘゲモニーを握ってきた。そのために、それ以外に属するユダヤ人がアシュケナジームに従属して不可視の存在になってしまっている。

過去はスファラディームが

しかし、第一次世界大戦前のオスマン帝国期のパレスチナにおけるユダヤ教徒の状況は、イスラエル建国後とはまったく異なっていた。スファラディームが多数派を占め、政治的・経済的にも主導権を握っていた。というのも、一四九二年のスペインによるユダヤ人追放令で、多くのユダヤ人はイベリア半島からオスマン帝国領に避難したからであり、スファラディームはパレスチナにもその頃から移民してきてオスマン帝国に保護されたからである。

さらに、シオニズム運動が始まる一九世紀末においては、オスマン帝国のユダヤ教徒諸コミュニティの中でミッレト(宗教共同体)として唯一宗教行政的に公認されていたのが、スファラディー系であった。オスマン帝国ではミッレト制と呼ばれる各宗教・宗派の宗教的自治が認められており、ユダヤ教徒ではその宗教的な自治を担っていたのがスファラディー系だったのである。アシュケナジー系首席ラビ職が設立されたのは、第一次世界大戦が終わって、イギリスによるパレスチナ委任統治が始まってからにすぎない。

ミズラヒームの増加

最近ではさらに新たな用語法が定着しつつある。一九四八年にイスラエルが建国されてからは、アシュケナジームに加えて、イスラエルと戦争状態に入ったアラブ諸国やイスラーム世界からのユダヤ人移民が増加したからである。イエメン、イラク、モロッコ、イラン、トルコなどからのユダヤ人新移民であった。このような中東イスラーム世界出身のユダヤ人をミズラヒーム(字義通りには「オリエント(東洋)系ユダヤ人」)と呼ぶことが多くなっており、スファラディームもミズラヒームの一部として位置づけられることがしばしばである。

このような中東イスラーム世界出身のミズラヒームは、イスラエル建国後、ユダヤ教信仰に基づく「シオンへの愛」(シオンとはエルサレムにある丘の名)に駆られて、聖書に記述された「約束の地」であるイスラエルに「帰還」した。しかし、実際には社会主義的な世俗的シオニズムに基づいて建設が進められたイスラエル社会には、自分たちの居場所を見出すことができなかった。また、彼らの多くは貧しく惨めな境遇にあったが、そこから脱出して社会的に上昇していこうにも、必要な知的・物質的な資源をもっておらず、自分たちの置かれた閉塞状況から抜け出すこともできなかった。だからこそ、ミズラヒームの多くは、欧米出身のエリート的なアシュケナジームのエスタブリッシュメントに対して被差別意識を抱き、場合によっては激しい敵意を育てていくこともあった。

ミズラヒーム人口の中の最大数を誇るモロッコ系ユダヤ人は、一九五〇年代後半から六〇年代前半にかけて、他地域出身のユダヤ人よりも相対的に遅くイスラエルに移民してきた。モロッコ系新移民は当時、アシュケナジームが主導権を握る労働党政権によって、アラブ諸国との境界線に近い辺境の地方都市（開発都市と呼ばれた）や僻地《へきち》のモシャーヴ（家族を経営単位とするユダヤ人集団農場）に入植させられた。そのために、自分たちは対アラブ諸国の安全保障面で「人間の盾」にさせられたという被害者意識が強かった。

モロッコ系ユダヤ人

さらに、政府による補助金がなければ運営できない地方自治体の厳しい財政状況の中で、恒常的に高い失業率と就職難に襲われてきた。その結果、モシャーヴの住民はテル・アヴィヴなどの大都市に移住して、その都市周辺にスラム街を形成することになった。こうして、ミズラヒームには十分な教育を受ける機会も少なく、社会的・経済的にも貧困層が多かったために、イスラエル社会の最底辺を形成したのである。

そもそも、ミズラヒームは、強引なイスラエル建国への反発から中東イスラーム世界においてもユダヤ人への迫害が起こった結果、イスラエルに移民をせざるをえなくなった人びとである。もともと中東イスラーム世界には、キリスト教世界のヨーロッパとは違って、イスラエル建国前までは政府主導の組織的なユダヤ人差別・迫害は存在しなかった。もちろん、民衆レベルではユダヤ教徒への蔑視に基づく散発的な嫌がらせや攻撃は存在したが、政府による組織的な反ユダヤ主義の考え方は存在しなかったのである。ということは、中東イスラーム世界出身のミズラヒームたちは、もともと反ユダヤ主義への対抗として生まれたシオニズムのイデオロギーとは無縁の人びとであったということを意味した。実際、ミズラヒームのほとんどが敬虔なユダヤ教徒で、世俗的なシオニズムには共鳴していなかったのである。

エチオピア系ユダヤ人

さらに、ミズラヒームとは別に、エチオピア系ユダヤ人(「ファラーシャ」と呼ばれる)の新移民の問題がある。ファラーシャは外見からして「黒い」人びとである。

彼らはまず、イスラエル政府が行なったモーセ作戦(一九八四年一一月~八五年一月)で約一万四〇〇〇人、さらに一九九一年五月のソロモン作戦で約二万人がエチオピアからイスラエルに直接移送された。

エチオピア系ユダヤ人の自称は「ベタ・イスラエル(イスラエルの家)」であるが、イスラエルにおいて一九七五年、スファラディー系首席ラビのオヴァディア・ヨセフ(一九二〇年イラクのバスラ生まれ)によって「ユダヤ教徒」と認定された。ただし、形式的であっても正統派ユダヤ教への再改宗がその前提となるという見解であった。というのも、エチオピア系ユダヤ人は、ユダヤ教の聖典であるヘブライ語のタルムード(旧約聖書の注釈書。バビロニア・タルムードとエルサレム・タルムードの二種類がある)の伝統をもっていなかったからであった。ファラーシャは他の地域のユダヤ人コミュニティとの接触が長い間なかったために、その宗教的伝統はゲエズ語

(セム語系の古代エチオピア教会語)で伝えられた。

さらに問題になっているのが、エチオピア系ユダヤ人の中でもキリスト教に改宗した「ファラーシャ・ムレ」である。彼らに対しては、現在、イスラエルへの移民が奨励されている。これは、かつてイベリア半島でキリスト教への改宗を余儀なくされたマラーノ(隠れユダヤ人)たちも、首席ラビ庁がユダヤ教徒として認定したために、その前例を踏襲したのであった。

エチオピア系ユダヤ人は現在、一〇万人に達しているといわれ、イスラエル社会への同化も徐々に進んでいる。国防軍への兵役が社会的に同化・上昇するための回路になっている。また、ユダヤ教神学校(イェシヴァー)で学んでラビになる者も増加しており、宗教生活においても移民当初に比べれば改良されている。しかし、エチオピア系ユダヤ人には貧困層が多く、さらに「黒い」肌の色で明らかに他とは異なるために、依然として差別が残っている。それだけにエチオピア系ユダヤ人のアイデンティティは、強烈なものとならざるをえない。彼らを描いて話題になった映画が『約束の旅路』(ラデュ・ミヘイレアニュ監督、二〇〇五年)である。

旧ソ連からの移民

さらにイスラエルのエスニックな構成を複雑にしたのが、米ソ冷戦が終結して一九九〇年から九一年の湾岸危機・戦争をはさんで、旧ソ連からイスラエルに移民してきた一〇〇万人近いユダヤ人移民であった。ところが、その半数以上はユダヤ人ではないと歴代の内相は繰り返し言明してきた。彼らの多くは実際、イスラエル社会でヘブライ語を学ぼうともせず、ロシア文化とその生活様式を享受する生活を送っている。こうしたロシア人コミュニティは事実上、イスラエル社会の多文化主義化を象徴するものとなっている。

また、ロシア系移民の極右政党「我が家イスラエル」は、二〇〇九年二月の国会選挙で議会第三党に躍進した。同党のアヴィグドール・リーベルマンは、一九五六年にロシアのキシニョフで生まれ、一九七八年にイスラエルに移民してきた。修正主義シオニスト、ジャボティンスキーを尊敬し、イスラエル国籍のアラブ市民の追放を訴える極右政治家として登場した。彼のアラブ排斥の政治スローガンは、ロシア系ユダヤ人のみならず、イスラエルの多文化主義化への抵抗としてユダヤ系市民に幅広い支持を受けているのである。

3　イスラエルにおける民族対立――ユダヤ人とアラブ(パレスチナ)人

イスラエルの中のパレスチナ人

イスラエルは多様なエスニック構成をもち、実態として多文化主義的な方向へと向かっている。そのような方向性を代表しているのが、一部のロシア系移民と同じようにイスラエル国家や社会・文化に決して「同化」しようとしない、イスラエルに居住するアラブ人たちである。

アラブ人はユダヤ国家においては非ユダヤ人に位置づけられ、民族的にはアラブ人であるが、最近ではパレスチナ人と名乗る人も多い。宗教・宗派的にはスンナ派ムスリム、ドルーズ教徒（シーア派の一派であるが、その教義は秘儀として門外不出）、あるいはギリシア正教徒やカトリック教徒をはじめとするキリスト教の諸派である。イスラエル政府は、建国後も難民にならずにイスラエル国内に残ったアラブ人を「イスラエル・アラブ」と呼んできた歴史がある。したがって、自分たちをパレスチナ人と呼んでいるのには、それへの抵抗の意味もある。パレスチナ人と呼ぶ場合は、ヨルダン川西岸・ガザのパレスチナ人あるいは離散しているパレスチナ人とのつながりを強調して、パレスチナ人アイデンティティを強めているのである。

乗合タクシーにて

私はエルサレムにあるヘブライ大学に留学していた一九九〇年代のはじめに、次のような体験をしたことがある。イスラエル中部にあるウンム・アル・ファハムというアラブ人の町から、イスラエル最大の商業都市テル・アヴィヴまでシェルート・タクシーに乗った。シェルートというのは、アラブ世界のセルビス（「サービス」のなまった表現）をそのままヘブライ語に直訳した「乗合タクシー」のことだ。アラブ諸国では七人の客を乗せることのできるメルセデス・ベンツをセルビス・タクシーとして使うことが一般的だったが、イスラエルでは箱型バンが普及して、ベンツはほとんど姿を消してしまった。

ウンム・アル・ファハムは現在ではイスラエル国籍をもつパレスチナ人のイスラーム主義者の拠点として有名であるが、当時はまだそれほど政治的なイスラーム運動は表立ってはいなかった。とある日の昼下がり、私の乗ったシェルートの若い運転手はそのアラブの町の出身者で、車内ではアラビア語の歌謡曲の音楽テープを大きな音でがんがん鳴らしていた。客は私だけで、もう一人の「客」は運転手の友人とおぼしき若者で、二人はアラビア語で四方《よも》山《やま》話に熱中していた。しかし、その友人もすぐに降り、車はテル・アヴィヴに向かって南下していった。

　イスラエルの中でもアラブ人人口が多く、アラブの町が点在する「小三角地帯」と呼ばれる山間部を過ぎてからは道路が見るからに立派になった。もちろんユダヤ人らしき客も拾うようにもなった。すると運転手が客と交わす言葉もアラビア語からヘブライ語に変わっていた。いつの間にか音楽テープも、メロディーはアラブの曲によく似ていても歌詞はヘブライ語の歌に変わっていた。イスラエルのミュージック・シーンで「ミズラヒー（オリエント）」と呼ばれる中東イスラーム世界出身のユダヤ人歌手が歌っている歌謡曲だった。ほどなくシェルートはテル・アヴィヴの下町にある中央バスステーションに到着した。この付近は当時は混雑した雑踏の中に中東的な庶民の生活臭が漂っていて、イスラエルの中の「オリエント」的な場所の一つだった。

人口の二割に

　旅行者がテル・アヴィヴ、エルサレム、ハイファといった大都市の街頭で、このようなタクシーの運転手に出くわしたとしても、外見上はイスラエルに住むアラブ人であるか、あるいは中東イスラーム世界出身のユダヤ人であるかは、ほとんど区別がつかないであろう。多くのパレスチナ・アラブ人は、一九四八年のイスラエル建国前後に難民化して周辺のアラブ諸国に離散してしまったが、イスラエル建国後に住み続けるアラブ人はイスラエルの全人口の二割を占めるようになっている。彼らは、アラビア語を母語としているが、イスラエルでの生活の便宜のためにイスラエルの公用語であるヘブライ語も流暢に話すことができる。

パレスチナ人出稼ぎ労働者たち

イスラエルにおけるもう一つ別のカテゴリーのアラブ人の社会集団として、ヨルダン川西岸とガザから出稼ぎ労働者としてイスラエルにやってきているパレスチナ人がいる。このパレスチナ人たちはイスラエル国籍をもっておらず、イスラエル当局による厳しい法的規制のもとで就労している。イスラエル社会を底辺から支える「3K労働」などの職種に就いている人びとが、圧倒的多数を占めている。

したがって、このパレスチナ人労働者は、建設業・道路工事などの肉体労働者やレストランのボーイなどの職に就く人が多いので、エルサレム、テル・アヴィヴ、ハイファのイスラエルの三大都市やその周辺地域では「可視的」な存在である。その存在自体が、イスラエルとパレスチナ自治区との間に経済的な支配‐従属関係があることを象徴的に示している。しかも西岸のパレスチナ人にとってその生活圏を分断されることになっている分離壁すらも、生活の糧を求めて働くパレスチナ人労働者の手によって建設されているという、皮肉を超えた厳しい現実が存在している。しかしながら、イスラエルの産業構造におけるエスニックな分業体制の中で呻吟《しんぎん》しているパレスチナ人への言及は、ここではこれだけに留めておきたい。

少数「民族」　一九四八年の独立宣言はイスラエルを「ユダヤ国家」と規定しているが、政府はユダヤ人以外の国民をいくつかの「民族《レオーム》」に分類してきた。国民は二〇〇五年までは内務省に自らの所属する「民族」を登録し、身分証明書の民族欄には所属民族を書かねばならなかったが、現在は廃止され、ユダヤ人か、非ユダヤ人かの区別しかつかなくなっている。

イスラエルにおける多数派を構成して国民として当然ながら「主人公」だと自他共に認めているユダヤ人はともかくとして、「アラブ」「ドルーズ」「ベドウィン」あるいは「チェルケス」といった人びとは「少数派」と呼ばれている。これらの人びとは「ユダヤ国家」の中では独立を求めることのできる民族的な諸権利を棚上げされてきた。

イスラエルにおいては、アラブ・イスラエル紛争のために敵対関係にあったアラブ諸国とつながりのあるイスラエルのアラブ人が、アラブ民族として民族的な独立あるいは自治を要求するような政治的主張を行なうことは、イスラエルの安全保障に反するとして認められなかった。もちろん「アラブ」がイスラエル国籍をもったイスラエル市民としての諸権利を要求することは民主国家としては当然であるが、しかし、要求する際には、アラブ人の「民族性」を捨ててイスラエル文化（ユダヤ文化ではなく）に同化すべしという暗黙の前提が見え隠れしている。また、アラブ人の地方自治体への補助金などがユダヤ人の自治体に比べて少ないなど、明らかな差別があると「アラブ」市民は感じている。

「アラブ」以外の少数派

同じ少数派とはいっても、「アラブ」と、その他の「ドルーズ」「ベドウィン」「チェルケス」などとは区別しなければならない。後三者はイスラエル国防軍での兵役の義務を負っている。彼らは、兵役の義務を負っていない「アラブ」とは差異化された独自のアイデンティティを確立しつつ、イスラエル人意識を強めている。イスラエル国防軍に従軍しないということは、結果的にはイスラエル社会の大多数から排除、差別化される一方で、イスラエル人とは敵対するパレスチナ人意識を強めるということにもなる。もちろん、ドルーズもベドウィンの人びとも一枚岩ではなく、その内部で多様化しているのも事実である。

もともと、一九世紀後半以降の東アラブ地域（エジプト、シリア、レバノン、パレスチナ、ヨルダン、イラクなどのアラブ諸国）における近代ナショナリズムの高揚の過程で、アラブ人というのはアラビア語を話し、その文化的伝統を共有する人びとといった程度の民族的な含意をもつようになった。つまり、ムスリム、キリスト教徒、そしてユダヤ教徒などの宗教的差異を超えて、アラビア語という言語を機軸としてアラブ人という民族意識が形成されたのである。したがって、現在のイスラエル政府が行なっている、宗派としての「ドルーズ」、生活形態である「ベドウィン」などに区別されたカテゴリー化は、少なくともイスラエル建国まではアラブ人ということで共通していた人びとに、それぞれ本来のアラブ意識とは異なる民族意識を育てていくことになった。

チェルケス人

むろんマイノリティ中のマイノリティであるチェルケス人は若干事情が異なる。イスラエルには現在、チェルケス人が住む村が二つあるにすぎない。チェルケス人とは、一九世紀終わりにオスマン帝国が、ロシア帝国に奪われたカフカースから東アラブ地域に騎馬兵として移民・入植させたチェルケス語を話すムスリムである。彼らの入植は、イスタンブルからメッカへの巡礼路の安全を確保するための防衛政策に基づいていた。チェルケス人にはもともとアラブ意識は希薄であった。しかし重要な点は、このようにイスラエルの中の少数派は「アラブ」とそれ以外に分断されてしまっていることで、ドルーズ、ベドウィン、チェルケスなども「民族」に「昇格」したのである。

イスラエルのディレンマ

イスラエル国家がユダヤ民族のための「ユダヤ国家」であるかぎり、非ユダヤ人のアラブには永遠に居場所がない。他方で、イスラエルが民族を超えた非宗教・非宗派的な民主主義を徹底させれば、結果的には「ユダヤ国家」の看板を下ろさねばならない。このディレンマが、パレスチナ人の側のイスラーム主義運動、ユダヤ人の側の狂信的宗教シオニズムという両翼からの攻撃によって、いっそう深まる深刻な事態が起こっている。イスラエルのマイノリティとしてのアラブが体現している「民族」および「宗教」問題は、イスラエルという「国民国家」の直面する危機そのものである。

ビシャーラ事件

とりわけ、二〇〇一年のシャロン政権以降、「イスラエル・アラブ」に対しては非常に厳しい状況が生まれつつある。それを象徴するのがアズミー・ビシャーラ事件であった。これはイスラエル国政史上、前代未聞の事件であった。

イスラエル国会に選出されているバラド党代表のパレスチナ人政治家であるアズミー・ビシャーラ議員が二〇〇一年一一月、国会決議により議員の特権を剝奪された。その決議後、イスラエル最高検事庁はビシャーラ議員をテロ防止法および緊急法違反の容疑で告発した。ビシャーラ議員はその前月、イスラエルの敵国であるシリアを訪問し、そこでイスラエルに対して武力攻撃を加えているレバノンのシーア派武装組織ヒズブッラーの行為を賞賛したというのが、その起訴理由であった。結果的にビシャーラ議員は、議員特権を剝奪されるばかりではなく、二〇〇六年七月のイスラエルによるレバノン攻撃にかかわって、ヒズブッラーに情報を提供したという容疑で再度起訴されて、国外に亡命せざるをえなくなった。最終的に、ビシャーラは二〇〇七年四月、亡命先のカイロにおいて議員を辞職した。もちろん、ビシャーラに対する容疑について判断する材料はないものの、議員をこのような事態に追い込んだのは、イスラエル

の民主主義のあり方を問うこととなった

民主国家といわれるイスラエルが、国会という民主主義に基づく場において、マイノリティに属する国会議員の政治的行動を利敵行為と判断し、民主的手続きによって議員特権を剝奪するという決議を行なった。この行為は自らの民主主義の根幹を切り崩すことになっていくに違いない。イスラエル国家の抱え込む「マイノリティ問題」と民主主義の矛盾の深刻さは、この事件に象徴されているのである。

第2章

シオニズムの遺産

建国前のユダヤ人労働者たち(Yigal Lossin, *Pillar of Fire* より)

1 「離散の否定」としてのシオニズム

離散の否定

シオニズムは、ユダヤ人が「シオンの丘」（エルサレムの雅称で、パレスチナを意味する）に帰還しようとする政治思想・運動の諸潮流を示す総称である。ヨーロッパで生まれたユダヤ人ナショナリズムであり、イスラエル国家はこのシオニズムの考え方に基づいている。このシオニズムがもつ論理について見ていこう。

シオニズムは一九世紀末にユダヤ人への差別・迫害を伴う反ユダヤ主義の激化に対する解決案として生まれた。シオニズムの考え方によれば、ユダヤ人はパレスチナに帰還してユダヤ国家を建設すれば、ヨーロッパの反ユダヤ主義は解決できるというものである。フランス革命以降ヨーロッパ各地で起こったさまざまなナショナリズムの波の中で、ユダヤ人自身もユダヤ民族国家をもつべきであるというユダヤ人ナショナリズムを表現したものであった。

シオニズム思想において「エレッ・イスラエル（イスラエルの地）」をどのように位置づけるかは、それぞれの潮流のシオニストの立場によって異なっていた。しかし、あえてシオニズムのイデオロギー的な共通性を指摘するならば、それは「ディアスポラ（離散）の否定」という考え方であろう。ユダヤ人が離散しているのは正常な状態ではなく、ユダヤ民族はその祖地であるパレスチナに帰還することによって正常な状態に戻ることができる。こうした世俗的なナショナリズムの考え方なのである。

二つの離散

しかし、ユダヤ人自身は歴史的に見て、離散を必ずしも否定的なものとしてだけ捉えていたわけではない。というのも、ヘブライ語の離散の概念には二つの用語法があるからである。その第一は「流浪と迫害」の否定的イメージとおおむね一致するユダヤ人の離散の概念で、「ガルート(強制的離散)」と呼ばれる。英語では「エグザイル(亡命状態)」に当たる。ガルートとは、ユダヤ人はイスラエルの地から強制的に離散させられており、本来あるべきではない状態にあることを意味している。ユダヤ民族史において大規模な強制的離散と位置づけられているのは、史上有名な「バビロン捕囚」であるが、この捕囚にも「ガルート」の語が使用されている。

他方、離散のもう一つの用語法は「自発的離散」である。ユダヤ人の離散を歴史的あるいは客観的な事実としてそのまま受け止めた表現であり、ヘブライ語で「テフツォート」という。一般的にはこの用語にディアスポラの語が当てられることが多い。

シオニストがことさらに強調するのが、前者のガルート(強制的離散)である。この用語には、祖地パレスチナから切り離された状態を堕落、疎外、迫害などとして否定的に受け止める意味が含まれている。長い間、迫害と追放に直面してきたユダヤ人の絶望の表現であり、「シオンの丘」に戻ることによってのみ、イスラエルの民は再興されるとする考え方である。したがって、神との契約の成就によってユダヤ人がイスラエルの地を回復して離散状態が解消されるべきだという考え方が、このガルートにはあらかじめ想定されているのである。

世俗的救済としての建国

ユダヤ教の文脈では、ガルートの反対語はゲウラー（贖罪）である。それはユダヤ民族への罰としてのガルートの状態を神によって許されて、イスラエルの地に帰還してメシア（救世主）の来臨を迎える状態であると理解されている。

ところが、シオニズムの文脈では、ゲウラーの考え方は世俗的救済の文脈で換骨奪胎されている。ガルートの状態からユダヤ人をイスラエルの地に再集合させ、ユダヤ人のための「国民国家」を形成することで民族として正常化のプロセスに入ることとして、ゲウラーは再解釈された。イスラエル建国初期の国是は、ガルートの状態にあるユダヤ人をイスラエルの地に再集合させる「離散民の集合」を第一の目標とし、さらにイスラエルの地においてその離散民を一つの国民として形作る「離散民の融合」という国民統合の考え方につながったのである。この考え方は「メルティング・ポット（人種の坩堝）」と呼ばれるアメリカ型の移民統合モデルに倣《なら》ったものであった。

正当化の枠組み

シオニズム思想においては、ディアスポラとイスラエルという対比を、強制的離散と贖罪、離散の地とイスラエルの地、流浪と定住、迫害と解放、寄生と自立、非生産性と生産性、卑屈と毅然、弱者と強者、といった正負の二項対立として描いた。そのうえで、前者から後者に至るプロセスを、離散の地からイスラエルの地へのユダヤ人の移民・入植と重ねて正当化してきた。ユダヤ人がイスラエルの地に再集合することは、強制的離散の地でのユダヤ人のあり方を否定することであり、イスラエルの地での再集合をシオニズムの究極的な目標として理想化した。それがユダヤ人移民・入植の正当化の根拠となったのである。

要するに、強制的離散の状態を徹底的に否定することで、ユダヤ民族解放のための理想的な場として「国民国家」イスラエルを築いたのが、シオニスト指導者たちなのであった。

反ユダヤ主義の起源

ヨーロッパのキリスト教社会におけるユダヤ人への差別・迫害には長い歴史があるが、シオニズムを生み出す直接的な背景となった近代の反ユダヤ主義は、明らかに前近代のユダヤ人迫害とは質を異にしている。反ユダヤ主義とはいったい何であったのか。

シオニズム出現以前の前近代において離散状態にあったユダヤ人にとっては、ユダヤ人としての集団的アイデンティティとは「ユダヤ教徒」であることにほかならなかった。そのアイデンティティは、神からの選ばれた民としてユダヤ教の律法を遵守する信徒共同体への帰属意識をもつことで強められた。同時に、非ユダヤ人(つまり、キリスト教徒)からユダヤ人は賤民《せんみん》として差別・排除されてきたために、逆に「ユダヤ人」としての集団的な意識を強めてきた歴史がある。

ところが一九世紀末、社会進化論や人種論が流行して、ユダヤ人にもその議論が適用されるようになった。こうして形成された考え方が反ユダヤ主義である。もともと比較言語学上の分類にしたがうと、ユダヤ教徒は「旧約聖書」(ユダヤ教徒は「律法、諸預言者、諸書」のヘブライ語の頭文字を使った略語「タナフ」と呼んでいる)が主にセム語族の古典ヘブライ語で書かれているということで、「セム」に属するということになった。そのために、一九世紀以降のヨーロッパ・キリスト教社会におけるユダヤ人差別・迫害は「反セム主義(アンティ・セミティズム)」と呼ばれるようになった。ヨーロッパでは「セム語族」に属するのは、ユダヤ人だけなので、反セム主義は「反ユダヤ主義」と同義だったのである。

さらに、このような言語の語族による分類法に社会進化論や人種論が適用されると、ユダヤ人はたんなる信徒集団ではなく「人種」であるともみなされるようになった。しかもユダヤ人は社会進化論的にはアーリア「人種」に劣る「人種」であるという反ユダヤ主義的な考え方が広まってくる。このような考え方はかぎりなくのちのナチスの人種論に近づくわけである。したがって、反ユダヤ主義的な考え方に立つと、ユダヤ教徒がいくら改宗してキリスト教徒になっても、しょせんユダヤ人はユダヤ人であるということになってしまい、外側から「ユダヤ人」が定義されてしまうことになる。

ハンガリー出身のユダヤ人ジャーナリスト、テオドール・ヘルツル(一八六〇～一九〇四年)は、以上のような反ユダヤ主義の解決策として、ヨーロッパ列強の支援を得ながら外交交渉によってユダヤ国家建設を実現するという政治的シオニズムを提唱した。シオニズムの創始者ともいえる人物である。

政治的シオニスト、ヘルツル

ヘルツルはフランスで特派員としてドレフュス事件を目の当たりにした。ドイツのスパイとされたユダヤ人のドレフュス陸軍大尉の冤罪に対して、「ユダヤ人に死を！」と叫ぶフランスの民衆を目撃したヘルツルは、迫害されるユダヤ人のための避難場所として世俗的なユダヤ国家を建設するしかないと考えたのである。

ヘルツルは一八九六年にユダヤ国家構想をまとめた著作『ユダヤ国家』をドイツ語で出版し、翌年には第一回シオニスト会議をバーゼルで開催して、世界シオニスト機構を設立し、その議長に選出された。ヘルツルはオスマン帝国スルタン・アブデュルハミト二世、ドイツ皇帝ヴィルヘルム二世とも交渉して、ユダヤ国家をパレスチナに建設することへの支持を取り付けようとしたが失敗した。一九〇二年にはイギリスのジョゼフ・チェンバレン植民地相を通じて、エジプトのシナイ半島にあるオアシス都市エル・アリーシュにユダヤ人を移住させるという計画を、エジプト政府と交渉したが実現には至らなかった。

ウガンダ案

さらに、チェンバレン植民地相は「ウガンダ案」と俗称で呼ばれる新たな計画を提示した。イギリスは現在のケニアに位置する場所をユダヤ難民の避難場所として提供する提案を行なった。一九〇三年にバーゼルで開催された第六回シオニスト会議において「ウガンダ案」は激論の末に採択された。しかし翌年、シオニスト会議はアフリカに調査団を派遣して、一九〇五年に開催した会議では、調査団報告に基づいて最終的に「ウガンダ案」を否決し、パレスチナにユダヤ国家を建設する方向性が確定した。

ヘルツルは「ウガンダ案」を戦術的理由から受け入れたが、それは多くのシオニストにとってシオニズムに対する裏切りのように感じられた。こうして「ウガンダ案」は、パレスチナにユダヤ人国家を建設すべきだという「領土主義的シオニスト」によって闇に葬られてしまった。ヘルツルは前年の〇四年七月、この最終的な結論を知ることなくこの世を去った。

ユダヤ民族基金

世界シオニスト機構は一九〇一年の第五回シオニスト会議において、パレスチナにおける土地購入のための機関としてユダヤ民族基金を設立した。この基金は、世界のユダヤ人から募金して、ユダヤ人入植のためにパレスチナの土地をアラブ人地主から購入した。同時に基金はパレスチナにおける植林事業も展開した。

その後、基金は一九〇九年、地中海岸の港町ヤッフォ(アラビア語ではヤーファー)の北部にテル・アヴィヴを建設する際にも、融資を通じて中心的な役割を果たした。テル・アヴィヴはヨーロッパ的な都市計画に基づいてパレスチナにおける最大規模の都市として発展していった。同時に、その住民のほぼすべてがユダヤ人であったために、シオニストの夢を実現する活動の拠点となった。

2　シオニストの夢と現実

実践的シオニズム

シオニズムにはいくつかの潮流がある。ヘルツルに代表される政治的シオニストに対して、直接パレスチナに移民・入植して、ユダヤ国家の基礎を自らの手で築こうとしたロシア出身のユダヤ人たちは「実践的シオニスト」と呼ばれた。実践的シオニストの若者たちは、第一回シオニスト会議が開催されるよりもおよそ一五年前に、世俗的なユダヤ国家建設を目指してイスラエルの地に移民・入植していった。彼らは、自ら生まれ育った離散ユダヤ人社会を否定し、「新しいヘブライ人」としてパレスチナで土地を耕すという労働への情熱に燃えて、将来的にユダヤ国家を建設していくという夢を抱いていたのであった。当時のパレスチナはオスマン帝国領内にあり、スルタン・アブデュルハミト二世はパレスチナへのユダヤ人移民・入植には消極的な姿勢であった。

実践的シオニストによるパレスチナ移民は、ロシアで一八八一年に始まった一連のポグロム

（ユダヤ人迫害・虐殺）を契機にして開始されたが、この移民はシオニズム史においては第一波ユダヤ人移民（アリヤー）と呼ばれている。この移民を代表するのが、ビルー運動あるいは「シオンの愛慕者」など、理想主義的な理念を掲げるグループであった。ビルー運動の担い手は、ロシアの大学を卒業し、一八八二年にパレスチナに移民してきたシオニスト知識人グループであった。その名称のビルーは、旧約聖書イザヤ書二章五節の「ヤコブの家よ、主の光の中を歩もう」の文の単語の頭文字を並べたものに由来していた。また、「シオンの愛慕者」もロシアで設立され、一八八二年にパレスチナに移民してきて、「リショーン・レ・ツィヨーン（シオンの長）」というユダヤ人入植地（モシャヴァー）を建設し、ビルー運動の若者たちも合流した。

実践的シオニストたちにとって、パレスチナの土地は自らの労働を通じて民族的悲願を実現する場にほかならなかった。そんなユダヤ人の若者たちは「不毛な荒れ野」を開墾し肥沃な地にしてユダヤ人入植地を建設するという目的をもっていた。しかし、その開墾のための財源がなかったために、フランスのユダヤ人富豪エドモン・ドゥ・ロッチルド（ロスチャイルド）男爵の援助を得て、ワイン工場なども建設した。イスラエル北部の都市ハイファの南東にあるズィクローン・ヤコーヴといったユダヤ人入植地もビルーの若者たちによって建設され、ワイン生産で有名になった。

実践的シオニズムを代表する思想家は、アハロン・ダヴィド・ゴルドン（一八五六〜一九二

表1　シオニズムの諸潮流

政治的シオニズム	列強の援助の下に外交手段を通じて建国を実現する考え方(ヘルツル，ヴァイツマンら)
実践的シオニズム	直接パレスチナに移民・入植を行なって建国を実現する考え方 [労働シオニズム] 非マルクス主義的な立場から自己労働に基づく集団農場の建設を通じて建国を実現する考え方(ゴルドンら) [社会主義シオニズム] マルクス主義的立場からユダヤ人をパレスチナにおいて「労働する民族」として再生させる主流派の考え方で，のちに労働党に発展(ボロホフ，ベングリオン，ベンツヴィら)
修正主義シオニズム	トランスヨルダンを含むユダヤ国家建設を目指す大イスラエル主義の立場から武力闘争も辞さない右派で，のちにリクード党に発展(ジャボティンスキーら)
宗教シオニズム	シオニズム運動をユダヤ教信仰の立場から推進する立場で，のちに国家宗教党(マフダル)に発展
精神的シオニズム	文化的シオニズムとも呼ばれ，政治的シオニズムに反対してパレスチナはユダヤ人の精神的センターであるべきだと主張する立場(アハド・ハアム，ブーバー，マグネスら)

二年)である。彼はレオ・トルストイに心酔し、「シオンの愛慕者」のメンバーでもあり、一九〇四年に四八歳でパレスチナに移民してきた。翌年には社会主義シオニストとは一線を画した労働シオニスト組織「若き労働者」を結成した。ゴルドンは、一九一〇年にガリラヤ湖畔に建設された、最初のキブーツ(ユダヤ人集団農場)として知られているキブーツ・

デガニヤの創設メンバーであり、同地で一九二二年に死去した。ゴルドンの思想は「労働の信仰」と呼ばれる。もともとはユダヤ教における考え方であった「シオンへの愛慕」を、シオンでの労働に献身することを通して表現したもので、労働シオニズムを代表する思想家であった。

二〇世紀に入ると、シオニズム運動のあり方に大転換が起こった。一九〇五年の第二波移民の開始とともに、社会主義思想の洗礼を受けたシオニストの青年がパレスチナに移民してきたからであった。この社会主義シオニズムを代表するのが、初代イスラエル首相になるダヴィド・ベングリオン(一八八六～一九七三年)、第二代大統領のイツハク・ベンツヴィ(一八八四～一九六三年)といった、のちのイスラエル国家の指導者であった。

社会主義シオニズム

社会主義シオニストたちは、一九〇六年に結成された「シオンの労働者たち」に結集した。社会主義シオニズムの考え方は、そのイデオローグであるベール・ボロホフ(一八八一～一九一七年)の思想に象徴された。ボロホフの考え方にしたがえば、ユダヤ人はパレスチナに移民・入植をすることで社会主義を実現することができるのである。離散の地、とりわけロシア帝国のユダヤ人社会の階級構造は、非生産労働者の数が圧倒的で不健全な「逆ピラミッド型」であるが、ユダヤ人はパレスチナに移民・入植して、祖地で労働者として働くことで民族的に復興をとげ、ユダヤ人の人口構成も生産に従事する労働者が多数を占める健全なピラミッド型になる、と主張した。

労働の征服

この社会主義シオニストの青年たちは、パレスチナに直接入植する実践的シオニズムの流れを汲んでいるものの、社会主義を提唱する点でゴルドンの労働シオニズムとは区別された。社会主義シオニストと労働シオニストは一九三〇年に合同して、イスラエル建国の際の与党となるマパイ労働党を結成することになる。

社会主義シオニストは、ユダヤ人自身による労働という「労働の征服」をスローガンとして掲げた。この青年たちは一九〇五年のロシア第一革命以降、パレスチナに直接、移民・入植を行なって、キブーツやモシャーヴといった新たな形態のユダヤ人集団農場を建設していった。この入植形態に最も顕著な特徴は、「労働の征服」運動に見られるように、ユダヤ人労働者だけが労働する「ヘブライの労働」の考え方を確立したことにある。この考え方は、ユダヤ人の農場からアラブ人労働者を排除することを意味した。労働市場をめぐるユダヤ人新移民とパレスチナ在住のアラブ人労働者の競争の果てに、新たなユダヤ人の入植形態が考案されたのである。

このような事態に至ったのは、第一波移民でやってきたユダヤ人移民が、小都市に発展したユダヤ人入植地においてワイン工場や果樹園などの資本家的な経営者に成長し、ブドウや柑橘類の生産を行ない、収穫時には廉価な賃金で雇用できる現地のアラブ人労働者を多数使っていたためであった。高学歴で高賃金を要求する知識人の多いユダヤ人新移民は、そうしたユダヤ人入植地の労働市場では就労の機会を見出すことができなかった。そのようなユダヤ人社会主義者たちは、パレスチナの厳しい現実に直面して経済的な苦境に陥った時、アラブ人労働者のいないキブーツやモシャーヴといったユダヤ人労働者だけが働く集団農場を建設したのであった。ユダヤ人集団農場は、私有を否定した自己労働に基づく理想的コミューンとして、新しいユダヤ人労働者による生産力の象徴となった。それとともに、パレスチナの地におけるシオニズム・イデオロギーの物質的基盤を築いていくための足場になっていった。

アラブ人の排除

当時のシオニストたちのアラブ人観をまとめてみれば、まず第一にアラブ人の排除が挙げられる。労働シオニストはユダヤ人集団農場における「労働の征服」を進めるために、アラブ人労働者を雇用せず、わざわざイエメンからユダヤ人を新たに移民させたりした。労働シオニズムは二〇世紀初頭にすでにパレスチナのアラブ人労働者を排除する排他的ナショナリズムのイデオロギーを内在させていたのである。

この第二波ユダヤ人移民以降、シオニスト入植村からアラブ人労働者が排除された結果、イシューヴ(パレスチナのユダヤ人社会)はアラブ社会と切り離されて独自の道をたどって発展していく。パレスチナにおけるユダヤ人の入植活動は、アルジェリアのフランス人入植者などとは違って、現地のアラブ人労働力を搾取しているわけではないので、シオニズムは植民地主義ではないといった議論がシオニストの内部では展開された。実際、パレスチナにおけるユダヤ人経済セクターは一九三〇年代には再生産構造ができあがり、建国後のイスラエル経済へと移行していったとシオニストは説明した。

第二に、政治的シオニストのアラブ人への見方はむしろ、アラブ人不在の他者認識の上に成り立っていた。アメリカの移民社会を表す言葉になった戯曲『メルティング・ポット(坩堝)』の原作者として知られるイギリス系ユダヤ人作家、イズラエル・ザングウィル(一八六四～一九二六年)が、「土地なき民に民なき土地を」(a land without a people for a people without a land)」というスローガンを提唱したことはあまりにも有名である。ザングウィルは実際には「パレスチナは民なき国である。ユダヤ人は国なき民である」という他の思想家の言葉を引用して書いたのであったが、シオニストはむしろパレスチナ入植のために国際社会に向かって戦略的にこのスローガンを利用した。

「土地なき民に民なき土地を」

政治的シオニストのイメージの世界では、パレスチナの地は不毛な荒地で無人であり、たとえそこに先住民族であるアラブ人が居住していたとしても、その存在は取るに足らない、政治的には簡単に解決しうる問題だと認識していた。むしろ、ヘルツルに代表される初期の政治的シオニストの心情としては、前述のように、場所がパレスチナ以外の地であっても、東アフリカでもどこでも、とにかく「ユダヤ国家」の建設という民族的な悲願の実現の方がより重要な政治目標であった。というのも、彼らの目には、東欧・ロシアにおけるユダヤ人同胞たちを襲っているポグロムという悲惨な状況と、それに伴って故郷を離れて難民化した同胞の問題の解決の方が優先されるべき問題であったからである。したがって、シオニストの思考回路においては、ごく少数の例外は別として、パレスチナの地に住むアラブ人という「他者」は基本的には不在であった。

精神的シオニスト

第三に、シオニストによるアラブ人不在の他者認識に警鐘を鳴らしていたシオニスト思想家たちもいた。その代表がアハド・ハアム(一八五六〜一九二七年)であった。彼は、ヘルツルの政治的シオニズムに反対して、パレスチナにはアラブ人が住んでおり、ユダヤ人入植活動を続ければアラブ人と必ず衝突することになると考えていた。のちに「二民族国家論」と呼ばれるようになるアラブ人とユダヤ人の共存を訴える主張であった。パレスチナはユダヤ人にとって精神的センターになるべきであるというアハド・ハアムの考え方は、精神的シオニズムあるいは文化的シオニズムと呼ばれた。エルサレム・ヘブライ大学学長となるユダ・マグネス、思想家として著名なマルティン・ブーバーらが、委任統治期に入った一九二五年に「平和の盟約」という団体を結成し、アルベルト・アインシュタインもこのグループを支援したことで知られている。

政治的シオニスト、ヴァイツマン

第一次世界大戦はシオニストにとって最大の政治的転換点となった。そのきっかけを作ったのが、ヘルツルの遺志を継ぐかたちで政治的シオニストとしてイギリスで政府に対してロビー活動を行なっていたハイム・ヴァイツマン(一八七四〜一九五二年)であった。ヴァイツマンはロシア出身のユダヤ人で、一九〇四年にマンチェスター大学化学教授に就任した。第一次世界大戦が始まると、英国海軍研究所所長としてコルダイト火薬の主要成分であるアセトンの大量生産のための新製法を開発した。そのために、イギリス人の有力政治家に多くの知己を得ることになった。とりわけ、すでに首相も経験していた保守党の大物政治家アーサー・バルフォアとは格別に親しい関係にあった。

イギリスとユダヤ人シオニスト

第一次世界大戦において、イギリスは三国協商に基づいてフランス・ロシアとともに、三国同盟(ドイツ、オーストリア＝ハンガリー帝国、イタリア)、そして同盟側についたオスマン帝国を敵国として戦った。イギリス政府は、ユダヤ人シオニストと協力することが戦争を遂行するうえで有利になると判断した。というのも、ロシア帝国支配下のユダヤ人の動向が戦争の行方を決定するという政治的な判断があったからであった。イギリスが同盟を組んだロシア帝国は、ポグロムというユダヤ人迫害・虐殺に責任のあるツァーの政権であった。英米在住のユダヤ人には、ロシアと戦う三国同盟側のドイツを支援する声も少なくなかった。当時ドイツ帝国領内には、ロシア帝国の迫害から逃れてきたユダヤ人難民が数多くいたからでもあった。ドイツは同時に、大戦までパレスチナを統治していたオスマン帝国と政治的・経済的に強いつながりをもっていた。そのため、世界シオニスト機構本部は一九一一年以来ベルリンに置かれていた。

こうした状況の中でイギリスは、シオニストを支援すれば欧米在住のユダヤ人から協力を得ることができ、ひいてはアメリカ系ユダヤ人の世論を喚起することによって、孤立政策をとっているアメリカ政府をも動かすことができるかもしれないと考えたのであった。

イギリスのパレスチナ占領

一九一六年一二月、親シオニストとして知られるロイド・ジョージ首相が組閣し、ヴァイツマンの知己でシオニストに同情的なバルフォアも外相として入閣した。翌年三月にはロシア革命によってロマノフ朝が倒れた。イギリスは、協商側がシオニズムを支援すれば、ロシア在住のユダヤ人がソ連とドイツとの単独講和を阻止して協商側に不利にならないようにしてくれるだろうと期待した。しかし、イギリスの政治家には、ユダヤ人が共産主義革命を陰で操っているという反ユダヤ主義的な偏見をもった者も少なからず存在しており、同時にソ連の革命政権内におけるユダヤ人政治家の政治的影響力を誤って過大評価するような傾向もあった。

一九一七年四月、アメリカが協商側に立って参戦した。イギリス軍も同時期、エジプト派遣軍の司令官アレンビー将軍の指揮下、パレスチナに進軍した。イギリスはパレスチナを国際的共同管理に置くというフランス・ロシアとのサイクス＝ピコ密約（一九一六年五月）の条項を事実上反故《ほご》にして、ユダヤ国家の設立というシオニストの民族的願望を実現させることを理由に、イギリスによるパレスチナの軍事占領という既成事実を作り上げた。そして、パレスチナを自国の直接的な影響下に置いたのであった。

　同時にイギリスは「アラビアのロレンス」として知られているT・E・ロレンスを送り込んで、イスラームの聖地メッカの守護者で預言者ムハンマドの直系の子孫であったハーシム家のシャリーフ・フサインに、協商側に立ってオスマン帝国に対しアラブ大反乱を起こすよう画策した。イギリスはエジプト高等弁務官マクマホンとシャリーフ・フサインとの間にフサイン＝マクマホン書簡を交換しており（一九一五年七月〜一六年一月）、イギリス側への参戦の見返りに戦後、アラブ国家独立をも約束していた。

バルフォア宣言

　以上のようなイギリス政府による国際情勢の判断が、一九一七年一一月二日のバルフォア外相によるロスチャイルド卿宛の書簡として結晶した。いわゆるバルフォア宣言である。バルフォア外相の書簡は「英国政府はユダヤ人のための民族的郷土をパレスチナに建設することを好ましいものと考え、この目的達成を容易ならしめるために最善の努力を行なうであろう」と述べたうえで、次のような条件を付した。「パレスチナにおける現存する非ユダヤ人諸コミュニティの市民的、宗教的諸権利」と「他のあらゆる国のユダヤ人が享受している諸権利や政治的地位」が侵害されるようなことが行なわれてはならないと歯止めをかけたのである。

この二つの付帯条件のうちの一つは、当時のパレスチナにおいて圧倒的多数を占めていたムスリムとキリスト教徒のアラブ人の諸権利を保障したものである。しかし、結果的にアラブ民族としての諸権利は侵害されることになった。

もう一つの条件は、ユダヤ人の中でもシオニズムに反対している英米在住のユダヤ人に対する政治的な宥和のためであった。イギリスがシオニズムへの支持を表明することによって、世界に離散するユダヤ人に対して、「お前の国はパレスチナなのだからパレスチナに戻ればいいではないか」といった新たな反ユダヤ主義の口実にならないように、バルフォア宣言において確認したものであった。

3 委任統治期パレスチナとユダヤ人社会の発展

委任統治のはじまり

第一次世界大戦後の一九二〇年四月、イタリアのサンレモで開催された戦勝国最高会議において、パリ講和会議最高理事会を構成するイギリスとフランスは、バルフォア宣言を敗戦国オスマン帝国との講和条件に組み入れることを決議して、シオニストの主張を承認した。そのうえで、大シリア地域(アラビア語ではシャーム地域と呼ばれる)を英仏間で分割した。大シリア地域の南部に相当するパレスチナ(当初はヨルダン川より東側のトランスヨルダンも含んでいた)は、イギリスによる委任統治とすることに決定した。委任統治とは、現地の住民が自治を行なうことができるようになるまでの暫定期間、受任国が代わって統治を行なうというやり方であった。

一九二〇年七月、パレスチナはイギリス軍による軍政から民政に移管した。それに伴って、賛否両論の中、パレスチナ委任統治の最高責任者である初代パレスチナ高等弁務官に、ユダヤ系イギリス人でシオニストのハーバート・サムエル(在任一九二〇～二五年)が任命された。サムエルはかねてよりパレスチナをイギリスの保護領にする構想をもっており、内相としてバルフォア宣言の実現に影響を与えた。二一年五月、カイロ会議においてパレスチナ委任統治領からヨルダン川東側のトランスヨルダンが切り離され、パレスチナの領域は事実上、ヨルダン川の西側に限定されてパレスチナ委任統治の領域として確定した。切り離されたトランスヨルダンは第二次大戦後、ヨルダン・ハーシム王国になった。

チャーチル白書

さらに、一九二二年六月、ウィンストン・チャーチル植民地相がパレスチナ政策に関する白書(チャーチル白書)を公表して、パレスチナ委任統治の基本的枠組みを示した。チャーチル植民地相はアラブ側に対して、フサイン＝マクマホン書簡で示されたアラブ国家の領域にはパレスチナは含まれないと言明した。また他方で、シオニスト側に対しても、委任統治はパレスチナの領域すべてをユダヤ人に与えることを前提としたものではないとしたうえで、パレスチナへのユダヤ人の移民数はパレスチナの「経済的吸収能力」に応じて半年ごとに決定されるとした。「経済的吸収能力」とは、パレスチナ経済がどのくらいの数のユダヤ新移民を受け入れることができるかを査定する際の基準であった。

そして一九二二年七月二四日、イギリスによるパレスチナ委任統治は国際連盟で正式に承認された。ユダヤ人のための民族的郷土の建設を謳ったバルフォア宣言は、パレスチナ委任統治を規定した公式文書にその前文として逐語的に組み込まれて、国際的に承認されたのである。

大戦間期のユダヤ人移民

大戦間期のパレスチナへのユダヤ人移民(アリヤー)は、第三波から第五波まであると、シオニズム史では位置づけられている。

第三波移民(一九一九～二三年)においては、主にロシア、ポーランドからの約三万五〇〇〇人のユダヤ人移民がパレスチナにやって来て、パレスチナのユダヤ人口はそれまでの約六万一〇〇〇人から一〇万人にまで近づいた。第四波移民(一九二四～三一年)は、主に中間層を中心にポーランドから約八万八〇〇〇人のユダヤ人移民によって構成された。さらに第五波移民(一九三三～三九年)においては、一九三三年一月のナチス政権成立以降、非合法の移民を含めて約二一万五〇〇〇人のユダヤ人が移民してきたと推定されている。その半数以上は、委任統治政府が「資本家」と分類するドイツからの比較的裕福な階層のユダヤ人移民であった。

一九二〇年代のパレスチナは政治的には比較的平穏であったものの、二五年にユダヤ人移民が年間三万三〇〇〇人以上にまで急増したため、新移民の間に大量の失業者が生じたうえに、二六年から二七年にかけてパレスチナは経済的な不況に見舞われた。そのため、二七年にはパレスチナへのユダヤ人移民は二七一三人にまで激減し、逆にパレスチナを離れるユダヤ人の数が五〇〇〇人を超えて新移民数よりも上回った。この時期にはパレスチナからのユダヤ人の流出の「危機」で、ユダヤ人の「民族的郷土」の建設は頓挫するかに思われた。

しかし、前述のとおり、一九三三年一月のドイツでのナチス政権成立が契機となって、ドイツ系ユダヤ人の移民が急増した。彼らは資本や高度の技術をもった中間層以上の資産家が主体を占めたが、多くはシオニズムを信奉しない非シオニスト・ユダヤ人であった。

ユダヤ人の自治組織

委任統治期におけるイシューヴ(パレスチナのユダヤ人社会)のユダヤ人自治組織として設立されたのが、立法府に相当する代議員会と、行政府の役割を果たした民族評議会であった。この二つは、イスラエル建国後には国会(クネセト)と内閣へと引き継がれていった。

他方、ユダヤ機関は、ユダヤ人の民族的郷土の建設の際に生じる経済的・社会的な諸問題をパレスチナ委任統治行政当局に対して助言、協力するユダヤ人の公的機関として設立された。ユダヤ機関のカウンターパートになるべきアラブ機関の設立も委任統治政府によって提案されたが、アラブ指導部は委任統治の合法性そのものを承認していなかったために、その提案を拒

表2　ユダヤ・アラブ人口の比率

年	ユダヤ人	アラブ人	合 計	アラブ人比率
1914	60,000	731,000	791,000	92.4%
1918	59,000	688,000	747,000	92.1%
1922	83,790	668,258	752,048	88.9%
1931	174,606	858,708	1,033,314	83.1%
1941	474,102	1,111,398	1,585,500	70.1%
1944	554,000	1,211,000	1,765,000	68.6%
1946	608,225	1,237,334	1,845,559	67.0%
1949	1,013,900	159,100	1,173,000	13.6%
1967	2,383,600	392,700	2,776,300	14.1%
1973	2,845,000	493,200	3,338,200	14.8%
1983	3,412,500	706,100	4,118,600	17.1%
1995	4,522,300	1,004,900	5,527,200	18.2%
2000	4,955,400	1,188,700	6,144,100	19.3%
2006	5,393,400	1,413,300	6,806,700	20.8%

（イスラエル統計局等を参照）

絶した。

ユダヤ機関　ユダヤ機関と世界シオニスト機構は一心同体の関係であった。パレスチナにあってはユダヤ機関が委任統治政府に対してイシューヴを代表する組織として、また世界シオニスト機構が国際連盟およびイギリス政府に対して離散ユダヤ人シオニストを代表する組織としての性格をもった。ユダヤ機関は、一九二九年に非シオニストのユダヤ人をも含む拡大ユダヤ機関が設立されるまでは、世界シオニスト機構と同一の組織とみなされた。ユダヤ機関執行部は民族評議会と協力して、移民・入植活動や土地購入などの重要な役割を担ったのである。

ユダヤ機関のユダヤ人指導部は、建国時の指導層のさきがけ的な構成であった。ユダヤ機関議長は初代イスラエル大統領になるヴァイツマンであったが、議長は名目的な存在であった。

他方、ユダヤ機関執行委員長は初代首相になるベングリオンであったが、実務をすべて取り仕切って政治的実権を握っていた。また、政治局長は外相に相当するポストであった。最初は若き指導者ハイム・アルロゾロフ（一八九九～一九三三年）だったが、暗殺後はモシェ・シャレット（一八九四～一九六五年）が後任となった。シャレットは建国後最初の外相に就任した人物である。

宗教的自治と首席ラビ庁

パレスチナ委任統治政府の宗教行政政策は、基本的にはオスマン帝国のミッレト制を踏襲して、それぞれの宗教・宗派に宗教的自治を認めると同時に、オスマン帝国以来の宗教関連施設等の現状維持を原則とし、その変更を認めなかった。ユダヤ教徒コミュニティの宗教行政に関しては、エルサレムのユダヤ教の最高権威であるハハム・バシュ（パレスチナでの称号は「リショーン・レ・ツィヨーン（シオンの長）」）を廃止した。

そのうえで、ヨーロッパ出身のアシュケナジームの人口が増大した現実に対応して、スファラディー系首席ラビ職に加えて、新たにアシュケナジー系首席ラビ職を設けて、首席ラビの両頭体制とした。二人の首席ラビのもとで日常的なユダヤ教に関する宗教行政業務を行なうのが、首席ラビ庁およびラビ法廷であった。首席ラビ庁はユダヤ教徒に関する出生、婚姻・離婚、相続、埋葬、コーシェル（食事規定）の管理・認定、ユダヤ教聖地の管理、イェシヴァーなどの宗教教育機関の監督などを司っていた。

初代スファラディー系首席ラビには、エルサレム生まれでシオニスト的傾向をもつラビ・ヤコブ・メイール（一八五六〜一九三九年）が、また初代アシュケナジー系首席ラビには、ラビ・アブラハム・イサク・クック（一八六五〜一九三五年）が、それぞれ就任した。ラビ・クックは、シオニズム運動に邁進すればメシア（救世主）の来臨までのプロセスが早まると考える宗教シオニズムの考え方を提唱した宗教的指導者であった。

嘆きの壁事件

一九二九年に起こった「嘆きの壁事件」は、平穏だった一九二〇年代から動乱の一九三〇年代に移っていく分水嶺となった事件であった。嘆きの壁とは、ユダヤ教の神殿跡の西壁にあるユダヤ教聖地である。そのきっかけは他愛のない出来事であったが、委任統治政府の下でのユダヤ人移民・入植を優遇する政策に対し、パレスチナのアラブ人の不満が蓄積されてきたところに起こった。

きっかけは、嘆きの壁における礼拝の仕方をめぐる宗教的現状が変更されたことであった。アシュケナジー系ユダヤ教徒が、礼拝の際に男女を仕切る衝立と、座って礼拝するためのベンチを嘆きの壁の前に持ち込んだ。しかし、このことは政府によって禁じられた宗教的現状の変更に当たるとしてムスリム側から抗議があり、当局が撤去すると、嘆きの壁の前で示威行為を繰り返していた若いユダヤ人たちは怒ってムスリムとの小競り合いとなった。それがパレスチナ全体にまで及ぶ大規模な衝突に発展した。

この「嘆きの壁事件」の原因を調査した報告書をホープ・シンプソン調査団が公表すると、

この勧告を受けてイギリス政府は、一九三〇年に新たなパレスチナ政策を示したパスフィールド白書を発表して、パレスチナへのユダヤ人の移民・入植を厳しく制限した。当然ながら、シオニスト側から強い批判が起こり、イギリス議会でも問題となった。

マクドナルド首相は一九三一年、世界シオニスト機構議長のヴァイツマンに対し釈明の書簡を送った(マクドナルド書簡)。パレスチナに在住するシオニストの多くは、イギリスのパレスチナ政策の変更に対して幻滅を感じたが、ヴァイツマンはその後もイギリスに期待する姿勢をとった。そのためヴァイツマンは、同じ年に開催された世界シオニスト会議において、世界シオニスト機構議長の選挙で議長職を失うという憂き目にあった。バルフォア宣言を勝ち取った政治的シオニズムの指導者ヴァイツマンが、世界シオニスト機構議長として主にイギリスを舞台に活動していたために起こった事態だった。

ベングリオンの登場

華麗な外交の舞台に慣れた親英派の指導者ヴァイツマンに対して、パレスチナではダヴィド・ベングリオンがパレスチナの土地を耕作しながら、社会主義シオニズムの現実主義的な政治指導者として頭角を現してきた。

ベングリオンの政治家としての経歴は、社会主義シオニズムの発展と軌を一にするものであった。ベングリオンは一八八六年、旧ロシア帝国領(現ポーランド)のプロンスクに生まれた。一八歳でワルシャワに出て、マルクス主義を掲げるシオニスト左派政治組織「シオンの労働者たち」に加わった。一九〇六年に二〇歳でパレスチナに移民した。この時期はパレスチナへの第二波移民にあたる。折しもロシア帝国ではポグロムの嵐が再度吹き荒れていた。ベングリオンは一九一一年、当時オスマン帝国領のサロニカ(現在はギリシアのテッサロニキ)に移り住み、トルコ語を学びつつサロニカのユダヤ人労働運動と接触をもった。その後、オスマン帝都にあるイスタンブル大学法学部に入学するが、ほどなく第一次世界大戦が勃発した。

第一次大戦後のベングリオン

ベングリオンはオスマン帝国の敵国ロシアの国籍をもつという理由で国外退去処分となるのを恐れて、オスマン帝国の国籍を取得したが、社会主義者という理由で追放され、ニューヨークに向かった。アメリカでイギリス軍の一翼を担うユダヤ軍団の結成に参加して、一兵士としてパレスチナに戻った。ベングリオンは、ベルル・カッツネルソン(一八八七〜一九四四年)らとともに社会主義シオニスト独立派を糾合して、一九一九年にシオニスト左派急進派を排除し、社会主義シオニズム組織「シオンの労働者たち」を軸に「労働統一党」を設立した。カッツネルソンは一九〇九年にパレスチナに移民し、後にマパイ労働党の理論的指導者となって、同党のヘブライ語機関紙『ダヴァール』編集長を務めることになる。

委任統治期に入ってから、ベングリオンは一九二〇年から三五年まではヒスタドルート(労働総同盟)総書記を務めて、パレスチナのユダヤ人労働運動の指導者となった。一九三〇年には

「労働統一党」と「若き労働者」が合流して、マパイ党（「エレッツ・イスラエル労働党」の略称、のちにイスラエル労働党に発展。以下「マパイ労働党」）が結成された。ベングリオンは一九三五年にはユダヤ機関執行委員長に就任して、政治的シオニストであるヴァイツマンから主導権を奪い、名実ともにパレスチナにおけるシオニズム運動の指導者となった。

修正主義シオニスト

現実路線をとるベングリオンにとって一九三〇年代以降、不倶戴天の敵となったのが修正主義シオニストであった。修正主義シオニズムはイスラエル建国後、右派のリクード党につながっていく政治運動であった。そのカリスマ的指導者ゼェヴ・ジャボティンスキー（一八八〇～一九四〇年）は、委任統治期にはヴァイツマンなどの政治的シオニスト指導部がとる対英協調路線に強く反対した。彼はヨセフ・トゥルンペルドール（一八八〇～一九二〇年）とともに第一次世界大戦中、イギリス軍と協力してオスマン帝国軍と戦うユダヤ軍団を設立し、アレンビー将軍の下で戦った経歴をもっていた。ジャボティンスキーは二三年にはブリート・トゥルンペルドール（略称ベタール、リクード党の前身）党を結成し、二五年には修正主義シオニスト同盟をパリで結成して、三六年までその議長を務めた。さらに、三五年は社会主義シオニストが支配権を握る世界シオニスト機構から脱退して、新シオニスト機構をロンドンで設立した。

ジャボティンスキーがともに行動したトゥルンペルドールは、「祖国のために死ぬことは正しい」という言葉を残し、一九二〇年にパレスチナ北部にある戦略的拠点テル・ハイの防衛のために戦死して、イスラエル建国後、民族的英雄として顕彰された伝説的人物であった。彼はロシア軍のユダヤ人将校として日露戦争に従事し戦闘で片腕を失い、一時期、大阪・堺の浜寺公園にある俘虜収容所に収容されたこともあり、日本にも関係しているシオニストである。

ジャボティンスキーは、一九三〇年代にはパレスチナへのユダヤ人の非合法移民を促進した。さらに、ベングリオンなどのシオニスト主流派が採用していたパレスチナ・アラブへの武力行使の自己抑制（ヘブライ語で「ハヴラガ」）政策を批判して「鉄の壁」の建設を主張し、アラブ人に対する武力行使の積極的方針を打ち出した。ジャボティンスキーはシオニスト入植者に対してアラブ人が民族的に抵抗するのは当然で、その民族的抵抗に対して武力で戦う必要があるとして「鉄の壁」建設を訴えたのである。この修正主義シオニズムの行動部隊となったのが、イルグン・ツヴァイ・レウミー（民族軍事組織、略称エッェル）であり、彼はその総指揮官であった。

このように委任統治期のユダヤ人社会では、政治的シオニズムに替わって社会主義シオニズムが主流となるとともに、それに対抗する修正主義シオニズムが芽生えたのであった。前者がのちの労働党に、後者がリクード党になっていくように、この時期に建国後の政治配置の原型がすでに見られるのである。

第3章

ユダヤ国家の誕生

1948年5月14日，イスラエル独立宣言を読み上げるベングリオン．正面にはシオニズムの創始者ヘルツルの肖像が掲げられている(Yigal Lossin, *Pillar of Fire* より)

1　ナチス・ドイツとパレスチナ

ナチス政権成立と「資本家」の流入

一九三〇年代はシオニズム運動にとっても、またパレスチナのユダヤ人社会(イシューヴ)の発展にとっても決定的な時期となった。というのも、一九三三年一月、ドイツにナチス政権が成立したからである。この新たな事態に直面してユダヤ人社会には衝撃が走った。ナチスの露骨な反ユダヤ主義的な政策のために出国を余儀なくされたドイツなどの中欧出身者が、一九三〇年代のパレスチナへの移民の中心であった。合法的移民だけでも一九三三年から三六年までに一六万四〇〇〇人にのぼり、非合法移民を含めるともっと高い数字になった。ナチス政権成立を契機に、パレスチナにおけるユダヤ人社会はドイツ系ユダヤ人を受けいれることで、経済的に自律的な社会へと成長していった。本章では、ナチスとホロコーストがイスラエル建国にどのように影響したかを見ていきたい。

ナチス政権成立以後の時期のユダヤ人移民の特徴は、委任統治政府によれば何よりもまず、「資本家」のカテゴリーに分類される移民者が全体の五五％にも達していた点であった。これは、委任統治政府がパレスチナ経済の発展を促すためにとった特例的な移民政策の帰結でもあった。委任統治政府は一〇〇〇パレスチナ・ポンド(=スターリング・ポンド。以下、ポンドと表記)以上の資産をもったユダヤ人移民に限っては、「資本家」とみなして通常の移民制限枠が適用されずに、無制限にパレスチナへの入国を許可していた。

ユダヤ人経済の発展

その結果、一九三〇年から三六年までに、前年までの総額の約一〇倍に当たる約三三五〇万ポンドもの資本がパレスチナに輸入されることになった。その資本の約半分は建設部門、約七〇〇万ポンドが工業部門、約六〇〇万ポンドが柑橘類栽培を中心とする農業部門に投資された。とくに農業部門への投資によって、オレンジなどの柑橘類の輸出が三一年の約二五〇万箱から三九年には六倍に当たる約一五三〇万箱に増加して、オレンジ生産地としてのパレスチナの名を一躍有名にした。

このように、ドイツ系移民はパレスチナのユダヤ人社会に膨大な資本と技術をもたらしたのみならず、パレスチナのユダヤ人経済における再生産構造を確立することになり、のちのイスラエルの「国民経済」に発展するための礎を築いたとも評価されている。

ナチスとの秘密協定

大規模な資本の輸入がこのような短期間で行なわれたのは、ナチスとシオニストの間で秘密裏に締結されたドイツ系ユダヤ人資産についての移送協定(ヘブライ語で「移送」を意味する「ハアヴァラ協定」と呼ばれた)のおかげであった。この秘密協定については長い間、さまざまなかたちで憶測として語られることが多かった。またシオニスト自身もたとえ絶望的な状況であったとしても、不倶戴天の敵ナチスと「協力」したという政治的プロパガンダの流布を怖れて、ほとんどその詳細を語ってこなかったことも、一般になかなか知られることのなかった一因であった。

その秘密協定にかかわったシオニスト指導者の日記が残っている。アーサー・ルピン(一八七六～一九四三年)はドイツ系ユダヤ人移民に関するユダヤ機関の最高責任者であったが、ナチス政権成立後の三三年八月一六日の日記に、この秘密移送協定について次のように記した。

「あらゆる種類の不快なことが起こるだろうと思っていたドイツ滞在だったが、何事もなく予定の二週間が過ぎた。私がドイツの外務省と経済省に赴《おもむ》くと歓待された。パレスチナへの移民はみな信託会社を通じて発行された外国為替手形で一〇〇〇ポンドと、そして二万マルク相当(おそらくそれ以上)の所持品を持ち出すことができる旨を合意した」。

ルピンが歓迎されたのは、移送の考え方がドイツと東南欧諸国との通商協定締結によるナチス広域経済圏の創設の原則と合致していたからだった。それは「自国の商品輸出によって支払いうる以上には外国製品を輸入しない」という双務主義に基づく為替清算協定の原則であった。また、パレスチナ委任統治政府もこの移送協定によるドイツ系ユダヤ人資産の大量の流入を歓迎しており、その意味でも、イギリスによる対独「宥和《ゆうわ》政策」の一環として位置づけることができる。実際、一九三七～三八年の二年間のパレスチナの最大の輸入相手国は、委任統治の受任国イギリスを抜いて、ナチス・ドイツになったのである。

協定締結へ

この秘密移送協定の締結に至った経緯を見ておこう。まずこの背景には、一九二九年の大恐慌後、ドイツの輸出が国際的なブロック経済化のために極端に落ち込んで、極度の外貨不足になったというドイツ側の経済的要因があった。ドイツは厳しい為替管理を行ない、ユダヤ人を含めて国内資産の海外持ち出しを制限する措置をとっていた。

世界恐慌の状況下、パレスチナのユダヤ人実業家サム・コーヘンは、ハインリヒ・ウルフ在エルサレム独領事と知り合いになって、ナチス政権成立前からユダヤ人移民のため交渉を始めた。コーヘンは、柑橘類栽培に必要な農機具をドイツのハノタイヤ商会を通じてパレスチナに輸入する計画を立てた。その際、パレスチナへの移民を希望するドイツ系ユダヤ人が、ライヒスバンク(ドイツ帝国銀行)を通じてその資産をハノタイヤ商会に信託し、同商会がその資金でドイツ工業製品を購入、その製品をパレスチナに輸出、売却した後に、代金をパレスチナ・ポンド建てで、信託を与えたユダヤ人移民に払い戻すという新たな決済方法が編み出されたのであった。

ドイツ経済省も停滞している工業生産を刺激し、雇用も促進するこの取引を承認した。ドイツはただでさえ世界恐慌のために極度の輸出不振であるのに加えて、ユダヤ人迫害のため欧米市場でボイコットを受けて窮地に陥っていた。そのため、この取引が対独ボイコットそのものを有名無実化し、なおかつドイツの工業製品の輸出を伸ばし、さらにドイツからのユダヤ人移民を促進するだろうと期待したのであった。この取引がもたらす一石二鳥の経済的・政治的効果を認めたのである。

ユダヤ機関の関与

この取引に関する秘密交渉は、すぐにパレスチナのユダヤ機関が知るところとなった。ユダヤ機関は、このような重要な事業はドイツ系ユダヤ人の運命を左右するものであり、一民間人の手に任せておくわけにはいかないと判断した。そこでアングロ・パレスチナ銀行(一九〇二年に世界シオニスト機構によってロンドンを拠点に設立された。現在のレウミー銀行)の頭取は、ユダヤ機関から委託を受けて、ドイツ経済省と交渉を開始し、一九三三年八月二五日、コーヘンの構想とほぼ同じ内容の協定の合意に達した。その合意によれば、パレスチナで必要とされるドイツ製品購入の代金は、在ドイツ・ユダヤ人の資産を充てるという内容であった。この移送協定は、三五年に開催された第九回世界シオニスト会議において、アメリカ代表団からの激しい反対にもかかわらず、承認された。このようにして、ユダヤ人資産の移送業務は、正式にアングロ・パレスチナ銀行から世界シオニスト機構=ユダヤ機関執行委員会の管轄に移されて、シオニストの正式事業に格上げされた。

移送方式によるユダヤ人資産のパレスチナへの移動は年々増加し、一九三七年には約三一四〇万ドイツ・マルクまでに達した。しかし、この資産移送は三九年一二月まで続いたものの、三八年以降は激減した。この年を機に取引が激減したのは、三六年四月からのアラブ大反乱のためにドイツ系ユダヤ人が移民先としてパレスチナを選ばなくなったためである。

この秘密協定で約五万人のユダヤ人がドイツからパレスチナに移民したといわれているが、パレスチナでは、ドイツを利することになるこのような秘密協定を批判する声も起こっており、ドイツ製品のボイコットを呼びかけるパンフレットがまかれた。

アラブ大反乱

ナチス政権成立以降、ユダヤ人移民が急増した。パレスチナのアラブ人はユダヤ人の急増を、先住していた自分たちが少数派になるのではないかという危機意識をもって受け止めた。そのような政治的状況に対応して、パレスチナのアラブ人指導者ハーッジ・アミーン・アル・フサイニー（一八九六～一九七四年）は委任統治政府にユダヤ人移民を制限し、ユダヤ人への土地売却を禁止するように求めて、一九三六年四月にゼネスト突入を宣言した。アラブ大反乱の勃発であった。

イギリス政府はこのアラブ人の「騒擾」に対して、ピール卿を団長とする王立調査団をパレスチナに派遣し、一九三七年七月、その調査団報告（ピール報告）が公表された。このピール報告では、委任統治はすでに機能していないとして、その解決案としてパレスチナをアラブ国家、ユダヤ国家、そして国際管理地域の三つに分割することを勧告した。

しかしユダヤ国家の領域に指定されたガリール（ガリラヤ）地方のパレスチナ・アラブ住民は、

ピール報告に対して武力蜂起でもって応え、アンドリュー北部行政区弁務官が殺害された。委任統治政府は事態を深刻に受け止め、アラブ高等委員会を含むすべてのパレスチナ・アラブの政治組織を解散させた。さらに反乱の責任を負うハーッジ・アミーンをイスラーム最高評議会議長の職から解任し、国外追放の処分を下した。同時に、パレスチナ・アラブの武装組織は、ハガナ軍(「防衛」の意味のヘブライ語。イスラエル国防軍の前身となるマパイ労働党の軍事組織)と協力したイギリス軍によって徹底的に壊滅させられ、三年余続いた反乱は一九三九年には終息したのである。

イギリスの中東政策の転換

パレスチナにおけるアラブ大反乱の開始は、一九三五年一〇月のイタリアによるエチオピア侵略、そして三六年七月に始まったスペイン戦争とともに、イギリスの帝国防衛、とくに地中海および紅海における安全保障に深刻な影響を与えた。にもかかわらずイギリスの政策決定者は、イタリアの侵略行為の黙認、そしてスペイン戦争への不干渉という独伊枢軸側との実質的な妥協を通じて、地中海における戦争を当面は回避しつつ、日本の軍事的侵略によって東アジアにおけるイギリス帝国の権益が侵害されるのを防ぐことにその関心を集中させていった。

ところが、ピール分割案が勧告された一九三七年七月には、日本は中国との戦端をすでに開いており、一二月には南京は日本軍により陥落していた。イギリスは分割案に反対するアラブ大反乱に対してすでに二個師団相当の軍を投入しているうえに、仮にパレスチナ分割をピール報告案どおりに強硬に実施するとすれば、パレスチナの治安維持のためにさらに兵力を割く必要があった。だが、イギリスはこれ以上の増派という事態は避けなければならなかった。

こうしてイギリスは、一九三八年を通じてパレスチナを含む中東政策を大きく転換させていったのである。三八年三月、帝国防衛委員会は、植民地省中東課長を委員長とする中東小委員会に対して、財政的、経済的な措置を検討して報告するように諮問した。それはイギリスが中東問題に関連してシオニストではなく、近東の小国およびアラブ諸国に政治的な影響力を行使できるようにするために、ピール報告で示された分割案の撤回を意味したのであった。時を同じくして同年三月、ウッドヘッド委員会が設置され、ピール報告のパレスチナ分割案で示されたアラブ、ユダヤ人の両国の境界線の確定のための具体的作業に関して調査を行なった。要するに、政府は両委員会に対して分割案の実施に関して相反する指示を与えていたのである。

分割案の撤回

パレスチナ分割案の実施に積極的であったイギリス植民地省も、一九三八年九月のミュンヘン会談に基づく対独宥和政策の実施を機に、分割案の撤回へと傾いていった。というのも、分割案の撤回に関してはシオニストからの反発が予想されるものの、ナチスに迫害されているユダヤ人シオニストがイギリスから離れて独伊の枢軸側と全面的に協力する可能性はありえなかったからである。イギリスは戦時の帝国防衛において、中東における少数派であるユダヤ人への政治的コミットメントよりも、ただでさえ敵の敵は味方の論理でアラブ人の中に反英・親独的な雰囲気が蔓延することを恐れた。そして人口面・兵站面でもはるかに優越するアラブ諸国、さらにインド亜大陸に広がるムスリムとの友好関係を維持するという軍事的・戦略的観点を優先したのである。

ロンドン円卓会議

一九三九年二月七日から三月一七日まで、パレスチナ問題の解決を話し合うために、セント・ジェームス会議(通称ロンドン円卓会議)が開催された。アラブ側はパレスチナ代表団、エジプト、イラク、サウジアラビア、ヨルダン、イエメンの各代表団が出席した。パレスチナ代表団はイギリスによってパレスチナを追放されたハーッジ・アミーンが団長を務めた。他方、ユダヤ側はヴァイツマン・ユダヤ機関議長、そして英米のユダヤ人代表団も参加した。イギリス代表としてはマクドナルド植民地相、ハリファックス外相が参加した。アラブ側はユダヤ機関を承認していないとの理由でユダヤ人代表団との同席を拒否し、イギリス代表はアラブ側とユダヤ側に対して個別にそれぞれ会談を行なった。この会議は結果的には決裂したとはいえ、パレスチナ問題解決の場がパレスチナという一地域から国際的な場に移され、以後パレスチナ問題が「国際問題」として浮上するきっかけとなった。

セント・ジェームス会議が終了する前々日の三月一五日、ナチスはボヘミア・モラヴィアを併合、一六日にはチェコスロバキアを保護領として、ミュンヘン会談後の政治的な宥和政策による「平和」は半年でもろくも崩れ去った。イギリスはようやく三月三一日、ポーランドに対し独立が脅かされた場合に、安全を保障する約束をし、四月一三日はフランスとともにルーマニア、ギリシアにも同様の約束を与えた。他方、イタリアが四月一八日にアルバニアを占領したため、リビアでのイタリアの軍事的脅威もあいまって、それまでイギリスが追求してきたイタリアへの宥和政策も破綻した。

マクドナルド白書

イギリスのマクドナルド植民地相は一九三九年五月一七日、パレスチナ政策に関する新たな白書を発表した。このマクドナルド白書はユダヤ人にとって非常に衝撃的なものであった。ユダヤ人移民が向こう五年間、七万五〇〇〇人に制限され、パレスチナにおけるアラブ人の土地をユダヤ人に売却することが禁止されたのである。この白書によって、イギリスはパレスチナにおけるユダヤ人の民族的郷土建設を支持していたバルフォア宣言を事実上、撤回したのである。

シオニストは、第二次世界大戦中、ベングリオンの有名な言葉に象徴されるように、「マクドナルド白書が存在しないかのように」イギリス軍と協力してナチスと戦うしか選択肢が残されていなかった。実際、ナチスによる北アフリカ侵攻作戦はパレスチナのユダヤ人社会を絶望の淵に陥れることになった。フランスでヴィシー政権が成立して隣国のフランス委任統治領シリア・レバノンも形式的には独立したものの、親ナチ的ムードが漂っていた。また、イラクとなると親ナチ的な動きはさらに濃厚で、一九四一年には親ナチ的立場をとるアリー・ガイラーニー(一八九二〜一九六五年)がクーデタで政権を奪取すると、バグダードでは「ファルフード」と呼ばれるユダヤ人虐殺事件も起こった。

シオニストの反英姿勢

シオニストはとうていマクドナルド白書を受け入れることはできなかった。ベングリオンなどのシオニスト主流派は反英的姿勢を強め、アメリカとの協力関係の道を模索しはじめた。一九四二年五月、ニューヨークのビルトモア・ホテルで「ユダヤ人共和国」建設に向けての方針が決定された(ビルトモア綱領)。

他方、修正主義シオニストは反英武装闘争の路線を固めて、委任統治政府に対する武装攻撃が頻発するようになった。武装闘争を担ったのは、一九七七年にリクード党初の首相となるメナヘム・ベギン(一九一三〜九二年)が率いるイルグン・ツヴァイ・レウミー(略称エツェル。以下、イルグン軍)であった。しかし、一九四〇年六月、イルグン軍が第二次世界大戦下において、社会主義シオニストのハガナ軍とともに反英武装闘争を中止する決定を行なうと、アブラハム・シュテルンはその決定に反対して、イスラエル自由戦士団(略称レヒ軍。シュテルン・ギャング)を設立した。リクード党選出のイツハク・シャミール首相はレヒ軍のメンバーであった。

ナチスの北アフリカへの進軍

この時期、北アフリカで進軍を続けるロンメル将軍の率いるナチス・ドイツ軍が、リビアからエジプトに侵攻しようとしていた。パレスチナがナチスの手に落ちる可能性が出てきた緊急事態に対して、シオニスト指導者はイシューヴ（パレスチナのユダヤ人社会）をいかに防衛するか、その対策を練るために忙殺された。一九四二年の時点では、中東に駐留するイギリス軍が退却する可能性もありえた。また、アラブ民衆の間にはナチス・ドイツ軍をイギリス植民地主義からの「解放軍」として歓迎するムードも広がっていた。とくにエジプトやイラクではそのようなナチスに期待する機運が高まっていた。こうした緊迫した雰囲気は、二〇〇七年七月に八二歳で亡くなったエジプトのユースフ・シャヒーン監督の映画『アレキサンドリアＷＨＹ』（一九七九年）に描かれている。

民族のための名誉ある死

ナチス・ドイツ軍が進軍してパレスチナも破局を迎えるかもしれないという未曾有の危機において、ローマ時代のマサダ砦におけるユダヤ人の抵抗と玉砕という「史実」が、社会主義シオニストの士気を高めるために重要な意味を帯びてきた。マサダ砦は死海南西部の断崖絶壁の山の頂にあり、ローマ軍に抵抗した第一次ユダヤ反乱の最後の拠点となった。社会主義シオニストはマサダ砦の玉砕における集団自決を、降服せずに最後まで戦った国民的英雄行為の事例として賞賛した。イスラエル版の「伝統の創出」である。

たとえパレスチナのユダヤ人がこの対ナチス防衛戦で全滅することがあっても、この全滅はもう一つの現代版のマサダ伝説として後世のユダヤ人に語り継がれることになる、という思惑である。マサダの防衛戦でのユダヤ人の勇敢さが、ヨーロッパのユダヤ人がホロコーストに直面して戦わずして死を選んだという「不名誉」な受動性と対置されていることは明らかであった。

第二次世界大戦中にはパレスチナのユダヤ人社会の最高責任者になっていたベングリオンも一九四三年、テル・ハイの攻防戦におけるトゥルンペルドールの名誉ある戦死を「第二のマサダ」として言及した。離散ユダヤ人はホロコーストなどの迫害に直面した時、受動的にしか事態を受け止めないという「伝統」とは対照的に、シオニストはテル・ハイの防衛戦において勇敢に戦ったとする。そしてベングリオンは、「死とは無力で、情けなく、無意味な犠牲の死であってはならない。われわれは手に武器をもって死のうではないか」と語って、テル・ハイの防衛戦におけるユダヤ民族のための英雄的な死を賞賛したのである。

この例に限らず、第二次世界大戦時、修正主義シオニストだけではなく、社会主義シオニストも、将来のユダヤ民族国家の国民的英雄を創出するために、戦うユダヤ人の「過去」を選択的に再構成したのである。そして、シオニズムの英雄像をユダヤ民族意識の強化のために創造していった。古代から選ばれた民族的英雄としては、ローマに対して反乱を起こして紀元一三五年に殉教したシメオン・バール・コフバであった。

2　国連パレスチナ分割決議とイスラエル独立戦争

トルーマンの動き

ハリー・S・トルーマン米大統領は第二次世界大戦後、ヨーロッパの「ユダヤ難民」問題の解決のために動き出した。この米大統領のユダヤ難民問題への介入が、戦後のパレスチナ問題の帰趨を決定することになった。トルーマンは一九四五年八月、ドイツやオーストリアの難民キャンプに収容されている強制絶滅収容所を生き延びたユダヤ人生存者一〇万人の状態に関する報告書をアトリー英首相に送りつけて、「ユダヤ難民」をパレスチナに受け入れるように提案したのである。

イギリスの消極姿勢

イギリスは一九三九年のマクドナルド白書に基づくユダヤ人移民制限を変更するつもりはないことを四五年九月に明らかにし、一万五〇〇〇人のユダヤ人のパレスチナ入国だけを許可した。ベングリオンはイギリスの頑《かたく》なな姿勢に反発して、イギリスがこのような姿勢を続けるのであれば、ユダヤ人はイギリスと直接戦うことも辞さないと警告した。ベングリオンは四五年一〇月、ハガナ軍に対してイギリス軍への武装闘争を指令する電報を送った。その後もハガナ軍は、イギリスによって非合法化されたラジオ局「イスラエルの声」を通じて、毎日のように反英武装闘争を訴える放送を行なった。四五年一〇月三一日、ハガナ軍によってパレスチナ鉄道の線路が爆破されて、シオニストはイシューヴ防衛を名目にイギリスに公然と反旗を翻し、アメリカのユダヤ人からの支持を引き出すことになったのである。

英米調査委員会

一九四五年一一月、アメリカの圧力で「ユダヤ難民」問題を調査するために英米調査委員会が設立されると、アーネスト・ベヴィン英外相は、ユダヤ人を特別に扱うべきではないとして、三九年のマクドナルド白書に沿った発言を続けた。しかし、英外相の発言はパレスチナおよびアメリカのユダヤ人の反英感情に火をつけることになった。テル・アヴィヴではユダヤ人の暴動が起こったが、委任統治政府は暴徒に対して発砲し、六人のユダヤ人を殺害した。

一九四六年四月、英米調査委員会は、パレスチナをユダヤ人とアラブ人の二つの民族国家に分割して、即座に一〇万人の「ユダヤ難民」を受け入れるようにイギリスに勧告した。トルーマン大統領はイギリスに勧告に従うように申し入れたが、アトリー内閣はユダヤ人が武装解除するまでは受け入れを拒絶すると表明した。アトリー首相は下院での演説において、アメリカが委員会の勧告を実施するのに必要なさらなる軍事的・財政的な責任を分担する用意がないかぎり、イギリスは委員会の勧告を実施することはできないと言明したのである。翌月、ベヴィン外相は英労働党大会において、アメリカがユダヤ難民のパレスチナ移送に懸命になっているのは、アメリカが新移民を多く受け入れるつもりがないからだと、火に油を注ぐような説明を行なった。

キング・デーヴィッド・ホテルの爆破

ユダヤ難民受け入れに関してイギリスが頑なな姿勢を崩さない状況の下の一九四六年七月末、メナヘム・ベギンの率いる修正主義シオニストの地下軍事組織イルグン軍は、委任統治政府の中枢が置かれているエルサレムのキング・デーヴィッド・ホテルを爆破して、イギリス人、ユダヤ人、アラブ人を含む八〇人の委任統治政府官吏を殺害し、七〇名以上を負傷させた。パレスチナでは四日間の戒厳令が敷かれて、テロ行為の犯人に対する厳しい捜索が行なわれた。この事件でシオニスト地下軍事組織による対英武装行動はその頂点に達した。

国連パレスチナ特別委員会

結局、ベヴィン英外相は四七年二月、英米調査委員会勧告の実施はパレスチナをさらに混乱に陥れるだけだとして、パレスチナ問題の解決とパレスチナ統治の将来に関して、新たに設立された国際連合に提案する旨の声明を発表した。これはイギリスがパレスチナ問題の解決を放棄して、国連に「丸投げ」したものであった。

国連は一九四七年五月にイギリスの申し入れを受けて、パレスチナ問題の解決のためにパレスチナ特別委員会(UNSCOP)を設立した。特別委員会は一一カ国の代表からなり、オーストラリアの首相が委員長に任命された。委員会はパレスチナなどの現地で関係者から証言を聴取した。委員の一部はパレスチナ滞在中、ユダヤ難民をハイファ港まで運んできたエクソドス号がイギリス官憲によって上陸を拒否されて退去処分を受ける情景を目撃して、イギリスの対応に疑問を呈することになった。それが結果的に委員会の勧告の結論に影響したともいわれる。

アラブ代表団は、パレスチナの人口の圧倒的多数がアラブ人であるにもかかわらず少数派のユダヤ人に国家を与える分割案を拒否し、委任統治の終了とアラブ独立国家の設立を要求したが、委員会報告に反映されることはなかった。最終的に、委員会は委任統治の終了に関しては全会一致をみたが、七カ国の代表が分割案を支持する一方、連邦国家案を支持する少数派案も提案され、委員会は全会一致の統一見解を報告することができなかった。

パレスチナ特別委員会は一九四七年八月三一日、多数派案と少数派案の意見が併記された報告書を国連総会に提出した。多数派案は経済的統合の下でパレスチナをアラブ人とユダヤ人の二国家に分割し、エルサレムを国際管理下に置くパレスチナ分割案であり、少数派案はパレスチナ連邦国家を樹立するというものであった。国連総会はアドホック委員会に特別委員会の報告書を付託した。アドホック委員会は報告書を審議したうえで、総会に対して多数派案を提出したのであった。

国連パレスチナ分割決議

パレスチナ問題にとって運命の日を迎えた。一九四七年一一月二九日、国連総会は、パレスチナ分割を提案した多数派案の採決を行なった。その結果、賛成三三カ国（米ソ、南米諸国の一部、英連邦諸国など）、反対一三カ国（アラブ諸国、イスラーム諸国など）、棄権一〇カ国（イギリス、中国、南米諸国の一部）、欠席一カ国（シャム、現タイ）で分割案は採択された。分割決議によって、パレスチナは経済的統合のもとでアラブ国家とユダヤ国家に分割され、エルサレムは国際管理地域として国連の信託下に置かれることになった。「国連パレスチナ分割決議（国連総会決議一八一号）」である（図1）。

しかし、総会決議は実際には加盟する各国政府に対して勧告的効力しかなく、安全保障理事会決議のような拘束力がなかった。したがって、パレスチナの情勢はこの決議以降、一挙に流動化していったのである。

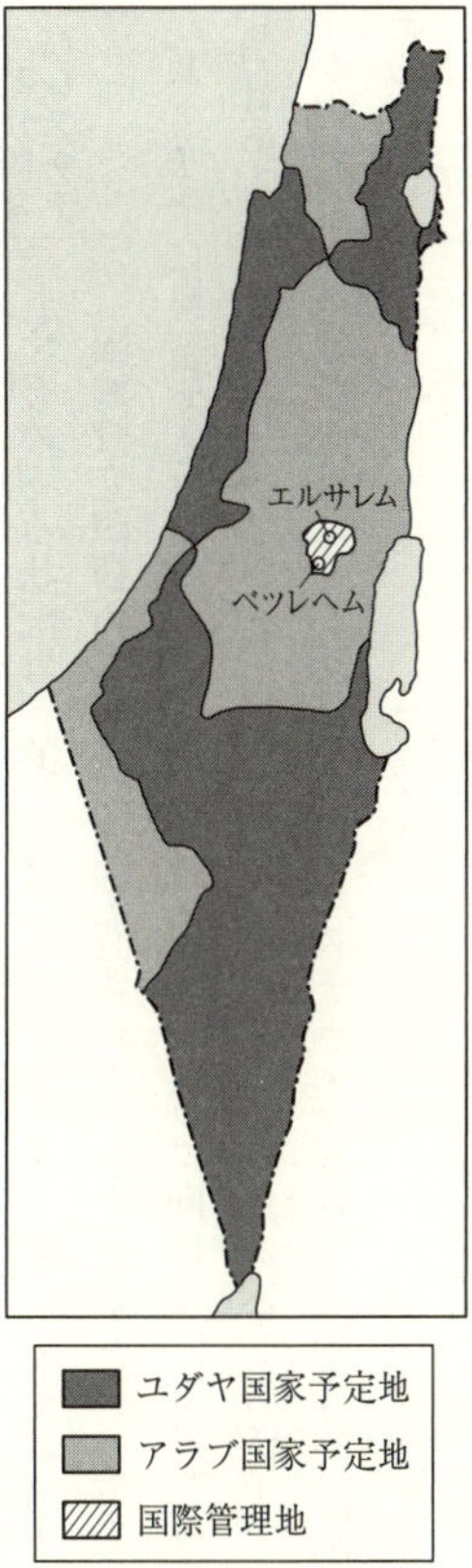

図1　国連パレスチナ分割決議

分割決議後のパレスチナ

総会決議の効力はともかくとして、国連パレスチナ分割決議によってパレスチナをめぐる状況は劇的に変化した。少なくとも、シオニストにとってはユダヤ国家設立が初めて国際的に承認されたので、勝利といってもよかった。一方、パレスチナに駐留するイギリス軍は委任統治終了の日に向けて、もはや最小の被害でもって「名誉ある撤退」を行なうことしか頭になかった。そのため、パレスチナでは事実上、公的秩序が失われて、分割決議に強く反発するパレスチナ・アラブの武装行動が激化していったのである。

しかし、パレスチナを取り巻くアラブ諸国間には軍事的な相互協力、連携関係はなく、パレスチナにおける地域間の指揮系統もばらばらだった。他方、パレスチナ・アラブ側の武装行動に対して、シオニスト側は分割決議においてユダヤ国家に予定された領域をできるだけ早急に制圧するために、ハガナ軍が主体となってダーレト(ヘブライ語アルファベットの四番目の文字)計画と呼ばれる軍事行動を行なうことになった。ダーレト計画は一九四八年三月に最終的に策定され、シオニスト側はアラブ諸国の軍事的介入に備えて、ユダヤ国家指定地域はもちろん、国際管理地域に指定された聖地エルサレムを軍事的支配下に置くことに全力をあげた。テル・アヴィヴとエルサレムを結ぶ街道をめぐるシオニストとパレスチナ・アラブ人の戦闘は、独立国家の首都となるエルサレムの将来の帰属を決するものであったからである。

デイル・ヤースィーン村虐殺事件

このような状況の中で一九四八年四月九日から一一日にかけて起こった事件が、デイル・ヤースィーン村虐殺事件だった。一二〇名ともいわれる死者を出したこの虐殺事件は、ベギンの率いる修正主義シオニストの軍事組織イルグン軍が行なったものであるが、結果的にシオニストに対する恐怖心をパレスチナのアラブ人に植えつけて、その難民化を促進することになった。

パレスチナのアラブ人の難民化の問題については次節で詳しく述べるが、シオニストの軍事的支配下に入ったユダヤ国家予定地にあるアラブの町や村に住む多くの人びとは、アラブ諸国軍とシオニスト軍の戦闘から一時的に避難するつもりで故郷の家を離れたのであった。一九四八年五月一五日に第一次中東戦争が勃発する前に、ハガナ軍はすでに国連分割決議案のユダヤ国家予定地内に位置したティベリアス、ハイファ、アッカー、サファドなど、アラブ人とユダヤ人が混住する諸都市を制圧下に置いた。

独立宣言と独立戦争

イギリスが委任統治を終了すると宣言した一九四八年五月一五日の前日、ベングリオンはテル・アヴィヴでイスラエル独立宣言を読み上げた。ベングリオンを首相兼国防相とするイスラエル臨時政府が発足した。トルーマン米大統領が五月一五日、その三日後には、ソ連もイスラエル国家を承認した。

五月一五日未明、エジプト、シリア、トランスヨルダン、レバノン、そしてイラクのアラブ諸国軍がパレスチナに進軍し、イスラエル軍と衝突した。イスラエル独立(解放)戦争の勃発である。この第一次中東戦争をアラブ側はパレスチナ戦争と呼んでいる。その後四回にわたって繰り広げられるイスラエルとアラブ諸国との最初の軍事的衝突であった。

戦争中の五月二六日、イスラエル国防軍がハガナ軍を母体として正式に創設され、その他のユダヤ人軍事組織が禁止された。にもかかわらず、イルグン軍は六月一〇日の第一次停戦が発効してからも存続した。イルグン軍はイスラエル政府に対して、イルグン軍の貨物船アルタレナ号からユダヤ人志願兵や武器の陸揚げができるように許可を求めたが、入港を禁ずる決定が下された。そのうえ六月二一日には、イスラエル国防軍はテル・アヴィヴの海岸でアルタレナ号に放火して沈没させたために、その際の混乱で一五人の死者が出た。誕生したばかりのイスラエルは内戦勃発寸前までいったが、乗船していたイルグン軍の司令官ベギンは、新政府と戦闘を行なう意思はないと声明を発表して、内戦の危機を免れたのである。

戦略的拠点の確保

独立戦争は三回の停戦をはさんで、アラブ諸国とイスラエルが最終的に休戦協定を締結する一九四九年七月まで続いた。しかし、戦争の大勢は一九四八年六月一〇日の第一次停戦発効までで決せられたといってもいい。イスラエル軍は分割案でユダヤ国家に指定された地域、そして国際管理地域に指定されたエルサレム新市街、およびエルサレムにつながる回廊という戦略的拠点を確保したからである。また、トランスヨルダンのアミール・アブドッラーのアラブ軍団はアラブ国家に指定されたヨルダン川西岸地域を占領し、エジプト軍はパレスチナ南部のネゲヴとガザを占領した。

二八日間の第一次停戦が終わり、七月八日に戦闘が再開されたが、フォルケ・ベルナドッテ国連調停官の活動もあって七月一八日には第二次停戦が発効した。しかし、この停戦は実質的には守られることはなかった。第二次停戦以降は、第一次停戦期間中にチェコスロバキア製の武器を補充したイスラエル軍が攻勢に転じて、南部の沙漠地帯のネゲヴ地域と分割案でアラブ国家に指定されていた西ガリラヤ地方(パレスチナ北部の西側)を制圧、四八年一二月以降はイスラエル軍がシナイ半島まで兵を進めて、アラブ諸国に対して圧倒的な軍事力の優位を見せつけた。しかし、米英が介入してイスラエル軍はシナイ半島から撤退せざるをえなかった。年が明

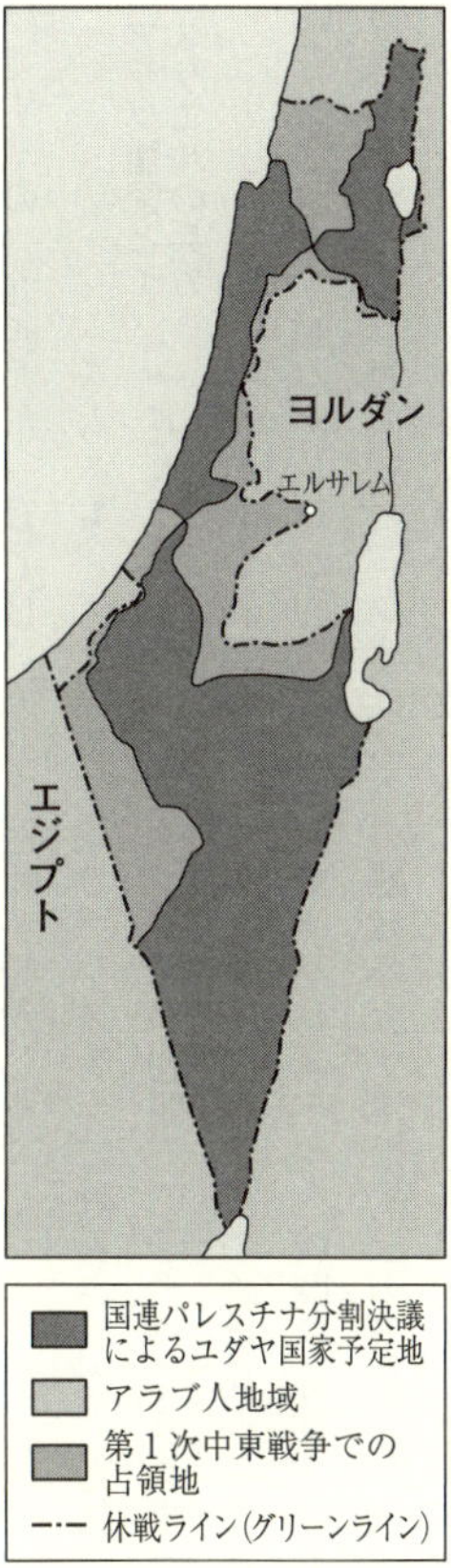

図2　第1次中東戦争後

けてすぐの一九四九年一月七日に第三次停戦が発効した。

アラブ諸国とイスラエルの兵力

そもそも、アラブ諸国軍でパレスチナに動員された兵力は、エジプト軍が約一万人、ヨルダンのアラブ軍団が約四五〇〇人、イラク軍が約三〇〇〇人、シリア軍が約二〇〇〇人、アラブ諸国からの義勇兵からなるアラブ解放軍が約二〇〇〇人、レバノン軍が約一〇〇〇人で、パレスチナ人戦闘員を加えても二万三〇〇〇人にすぎなかった。対照的に、シオニストの側はハガナ軍が約三万五〇〇〇人、イルグン軍やレヒ軍の修正主義シオニスト軍事組織の約三〇〇〇人に加えて、武装したユダヤ人入植者が数千人いた。両者の兵力の差は明白であった。

休戦とグリーンライン

イスラエルは最終的に一九四九年七月までに次々とアラブ諸国と二国間レベルで休戦協定を締結した。四九年二月二四日、イスラエルはエジプトと休戦協定を締結し、続いて三月二三日にレバノンと、四月三日にヨルダンと、そして七月二〇日にはシリアと休戦協定を締結した。これによって軍事境界線が設定されていき、事実上、イスラエル国家の領域が確定されることになった(図2)。

この軍事境界線はその後、休戦協定で作成された地図に示された境界線が緑色であったことにちなみ「グリーンライン」と呼ばれるようになった。エジプトとレバノンの休戦ラインは旧委任統治領パレスチナの境界とされた。ただし、ガザ地帯はエジプトの統治下に入った。しかし、ヨルダンとシリアとの境界に関しては休戦ラインの確定に手間取った。ヨルダンが国連パレスチナ分割決議のアラブ国家予定地域の大部分と東エルサレムを占領していたためであった。また、シリアもユダヤ国家予定地域の一部を占領していたが、混成休戦委員会の管理する非軍事地域とすることで、シリア軍は撤退した。

イスラエルはこの停戦で事実上、新生のイスラエル国(メディナト・イスラエル)として出発した。

3　イスラエル建国とパレスチナ難民問題

独立宣言

一九四八年五月一四日、ベングリオン初代イスラエル首相はイスラエル独立宣言を読み上げた。独立宣言は憲法ではないので拘束力をもっていないが、建国の理念を盛り込んだこの文書を事実上の「憲法」だとみなす人も多い。なお、イスラエルでは依然として憲法は制定できておらず、憲法に代わって基本法がある。

独立宣言では「イスラエル国はユダヤ人移民と離散民に開かれるであろう。同国はすべての住民の利益のために郷土の発展を促すであろう。同国はイスラエルの諸預言者にしたがって自由、正義、そして平和に基づくことになろう」と記されている。他方で「同国は宗教、人種、あるいは性による区別なく、すべての市民の社会的政治的諸権利の完全な平等を保証するであろう。同国は宗教、言語、教育、そして文化の自由を保証するであろう」とも規定している。

つまり、独立宣言はイスラエルを「ユダヤ国家」であると同時に、「民主国家」であると規定しているのである。イスラエルが「ユダヤ国家」であるという独立宣言の規定を「イスラエルの人口の多数派はユダヤ人が占める」と解釈した場合、非ユダヤ人の人口数は極力減らす方向で諸政策が進められるという帰結をもたらす。このような問題がパレスチナ難民問題の発生に関する議論につながっているのである。

パレスチナ難民

イスラエル建国はパレスチナ難民問題を生み出した。パレスチナ難民がなぜ発生したかという問いは、一九四八年当時パレスチナの多数派を占めていたアラブ人を新生イスラエル国家において少数派にするために追放する意図が、シオニスト指導者の間にあったかどうか、というきわめて深刻な政治問題に結びついている。パレスチナ難民が生まれるプロセスはイスラエル国家が誕生するプロセスでもある。この観点から、パレスチナ難民の発生の過程を見てみたい。

まず、パレスチナ人の難民化の第一段階は、一九四七年一一月のパレスチナ分割決議案採択から四八年三月のダーレト計画の実施までの時期である。この段階では、分割に不満を抱くアラブ人とシオニストとの小競り合いや軍事衝突もすでに始まって、パレスチナは事実上の内戦状態になっていた。アラブ諸国からの義勇兵やパレスチナ人の軍事指導者アブドゥル・カーディル・アル・フサイニーなどは、ハガナ軍に対抗して軍事行動を開始していた。そのため、アラブ人の中間層から上層の都市住民の一部が近隣アラブ諸国に一時的な避難を開始し、実質的にパレスチナにおけるアラブ社会の社会的・経済的な機能が麻痺し始めた。

難民化の第二段階は、一九四八年四月のシオニスト軍事組織による軍事攻勢から、同年五月一五日のアラブ諸国軍のパレスチナ侵攻を経て、同年六月の第一次停戦までの時期である。この段階では、都市下層民および農民がパニックに陥って、居住地から離散してしまった。パレスチナのアラブ人の難民化を考えた場合、アラブ諸国が介入して本格的な戦争が勃発する前から、小規模な戦闘は続いており、アラブ諸国軍によるパレスチナ進攻は難民化をより促進する要因ではあったが、難民化を決定した原因ではなかった。

第三段階は、一九四八年七月九日から一八日までの第一次停戦終了からの一〇日間で、この時期に第三の難民化の波が起こった。第四段階は、四八年一〇月から一一月までで「軍事境界線沿いの住民の移送と追放」の時期であった。第一次停戦までの戦闘でアラブ住民を排除したユダヤ国家設立の可能性が現実味を帯びたため、第三および第四段階では、シオニスト政治指導部による明確な決定がないまま、現場にいるイスラエル国防軍指揮官の判断でアラブ住民の追放が急激に進められた。他方、アラブ諸国がパレスチナ・アラブ住民にパレスチナに留まるように呼びかけ、また新たな難民を自国領内に受け入れることを拒否し始めた。

難民化の第四段階後、ベングリオン首相は戦勝者としての軍事的な自信からアラブ諸国との妥協は排除して、イスラエル世論を難民帰還の拒絶の方向に導くことに成功した。国連やアメリカによる調停にもかかわらず、ベングリオンの頑ななまでの非妥協的態度の結果、難民帰還交渉はすべて失敗に帰した。

五〇万人の避難民

第二次停戦が発効したときには、すでに五〇万人以上のアラブ人避難民がイスラエル領から離れていた。避難民の一部は強制的に退去させられたが、パレスチナ・アラブ指導部を含む多くの人びとは自発的に立ち去った。避難民の多くは東部のヨルダン領に向かうか、南西部のガザに逃れた。

恐怖の連鎖

以上の経過の中でも第二段階が、なぜパレスチナのアラブ人が難民となったかという問いの焦点になる。というのも、第二段階において、アラブ村民や都市民の間で次のような恐怖が広まっていたからである。

エルサレムとヘブロンの間に位置するエツィヨーン・ブロックにある四つのユダヤ人入植地で、一九四七年一月にユダヤ人住民がアラブ義勇兵によって殺害された。もしユダヤ人が勝利すれば、この事件のように、敗北したユダヤ人に対してアラブ軍が行なった同様のことを、今度はユダヤ人が自分たちに行なうだろうという恐怖に駆られて、アラブ住民は逃げ出した。ユダヤ人が手を下したデイル・ヤースィーン村虐殺事件も、このような恐怖を広める結果になった。アラブ側のラジオなどのメディア、とくにパレスチナ・アラブの政治指導部であるアラブ高等委員会のスポークスマンは、声高にアラブ住民にユダヤ人による虐殺行為が行なわれているることを伝えた。とりわけデイル・ヤースィーン村事件ではレイプも行なわれたということが誇張して広められた。

追放計画があったか?

パレスチナ人虐殺事件は難民発生の焦点となる。というのも、この問題は、シオニスト指導部の中にパレスチナ人をユダヤ国家予定地から追放するという組織的計画があったかどうかに深くかかわってくるからである。

パレスチナ人研究者ワーリド・アル・ハーリディーは、イスラエルの軍事行動をとりきめたダーレト計画は組織的なパレスチナ人追放計画であると主張するが、イスラエル側の研究者はそのような主張を真っ向から否定する。イスラエル側の研究者は、戦争勃発の約一カ月前の四八年四月の段階では、ユダヤ国家建設予定地域内およびそれ以外の場所においてもアラブ住民を追放する公式の計画はシオニスト指導部にはなかったとする。同年三月に立案されたダーレト計画も予想されるアラブ諸国の侵略に対する準備の必要から生まれたもので、ユダヤ国家予定地の領域確保にあたっては、それぞれの前線レベルの指揮官の状況判断に任されていた、と断じる。

もちろん、敵対的行動をとるアラブ村民あるいは潜在的な敵対分子の追放は行なわれた。しかし、この第二段階においてシオニスト政治指導部ないしは参謀総長レベルで、アラブ住民追放に関する公式の了解があったかどうかは、パレスチナ側とイスラエル側で議論の分かれるところである。とはいうものの、結果的にユダヤ国家予定地にできるだけアラブ住民を残さないという暗黙の了解があったことは、少なくともイスラエルの研究者の一部でも合意されている。

なぜ戻れなかったのか?

むしろ重要な点は、故郷を一時的な避難のつもりで離れたパレスチナのアラブ人が第一次停戦後や戦後に、なぜ故郷に戻れなかったのか、という問いであろう。第一次停戦後の一九四八年六月一六日に開催された閣議において、ベングリオン首相は、戦争中のパレスチナ・アラブ避難民の帰還を認めないが、戦後の方針については改めて検討するという決定を行なった。この決定によって連立内閣はかろうじて維持された。というのも、ベングリオンのマパイ労働党と連立内閣を組んでいた社会主義シオニスト左派政党の統一労働者党(マパム)は、「平和志向」の避難民には帰還権を承認すべきだと主張していたからであった。

ベングリオンにとっては、将来の帰還を認める余地を残すことで内閣瓦解の危機は回避されたものの、実際には、アラブ居住区は破壊され、農地は没収されていた。そして、ユダヤ人新移民が戦争前後から居住者のいなくなったアラブ村落に入植して、パレスチナ・アラブ避難民の帰還が物理的に不可能になるという新たな状況が生まれつつあった。ベングリオンが避難民の帰還を認めないという決定を下したことが、たとえ戦時中の一時的な措置であったとしても、結果的には、避難民を永続的なパレスチナ「難民」にしてしまったことは否定できないのである。

ベングリオンはイスラエルでは「建国の父」と呼ばれている。イスラエルが戦争を経てユダヤ国家として存続しえたのも、ベングリオンの以上のような「功績」のおかげだった。

ベルナドッテの調停

ところで、一九四八年六月一一日に発効した第一次停戦はほぼ一カ月間続いたが、この期間中、国連が和平達成のための試みを行なった。ところが、国連安保理によって任命された調停官ベルナドッテ伯爵は、シオニスト・ユダヤ人には敵意をもって迎えられたのである。というのも、ベルナドッテは、一九四七年一一月二九日に国連総会で採択されたパレスチナ分割決議案には拘束されないという立場から調停に入ったからであった。

六月二七日、調停官は、ヨルダン・ハーシム王国とイスラエルとの協力関係の下でパレスチナ委任統治領全体を含む新たな連邦案を提出した。このベルナドッテ提案にしたがえば、ヨルダンは東エルサレムを含むヨルダン川西岸地域を領有し続け、パレスチナ・アラブ人は南部にあるネゲヴ全域を獲得する一方で、イスラエルにはパレスチナ北部の西ガリラヤ地域が振り当てられることになる。ユダヤ人移民は、二年間は無制限であるが、のちに国連機関によって制限されることになり、最終的にすべてのパレスチナ・アラブ避難民はかつての故郷に帰還することが許されるというものであった。

当然ながら、戦局の推移からすれば、このベルナドッテ提案はユダヤ人にもアラブ人にも受け入れられることはなかった。イスラエル側からみれば、イスラエルの主権が認められないのが決定的な欠陥であったし、アラブ側からみれば、ユダヤ人のみならずヨルダン国王アブドッラーに対してあまりに譲歩しすぎていると受け止められた。七月八日、停戦が切れる前日、南部のネゲヴ地域で戦闘が開始されて一〇日間続いた。その結果、イスラエルはエルサレム沿いの支配地域を拡大することに成功した。

ベルナドッテの暗殺

一九四八年九月一七日、ベルナドッテ伯爵は修正主義シオニズムの軍事組織イルグン軍から分派したレヒ軍のメンバーによって暗殺され、イスラエルへの国際的な非難が高まった。

国連総会はベルナドッテの死の直前にベルナドッテ案の修正を提示した。イスラエルとヨルダンの連邦案は削除され、パレスチナはイスラエルとヨルダンの間で分割されると提案された。エルサレムとネゲヴはヨルダンに分け与えられ、イスラエルは西ガリラヤを確保するという案であった。この修正案はアメリカとイギリスが支持したものの、イスラエルはヨルダンにあまりにも多くの領土を与えすぎているという考えであった。アラブ世界では、大ムフティー(パレスチナにおけるイスラーム法に基づく裁定者)のハーッジ・アミーンとエジプトがこの案に反対する世論を掻き立てた。ロシアも新提案は中東におけるソ連の利益には決定的に不利だと考えた。加えて、エルサレムは分割決議案どおりに国際化すべきだというラテンアメリカを中心とする多くのカトリック諸国からの反応もあって、結局、この修正案は総会では決議されなかった。

虚像と実像

ベルナドッテによる和平案は、アラブ・イスラエル紛争の初期における最初の和平の試みであったが、その内容の当否はともかくとして、挫折することになった。

実際のところ、戦争前からすでにシオニストとトランスヨルダンのアミール・アブドッラーとの間には、国連パレスチナ分割案で示されたユダヤ国家の領域をめぐる密約合意が事前に結ばれていた、という研究が出版されたりもしており、イスラエル建国と独立戦争をめぐる実像が明らかにされてきている。その結果、これまで巨人ゴリアテ(アラブ諸国)に石礫《せきれき》で立ち向かったいたいけな少年ダビデという比喩で語られた「弱者」イスラエルのイメージを、根底から覆すような議論も生まれている。そこでは、イスラエルがアラブ諸国に勝利して新生ユダヤ国家を維持できたのは、軍事力の優位による当然の帰結だという、パワーポリティクスに基づくごく当たり前の説明がなされているのである。

しかし、このような説明が受け入れられるには時間がかかる。というのも、ユダヤ人は歴史においては「犠牲者」であるという認識が国際社会において広く共有されているからである。

第4章

建国の光と影

アーレントが「一大政治ショー」と呼んだアイヒマン裁判(Aviad Kleinberg, *TKUMA* より)

1　ベングリオン時代のシオニズムとユダヤ教

国会と大統領

建国後のイスラエルは、アラブ諸国との緊張関係の中で国内の新たな政治体制を作り上げていった。まず一九四九年一月、憲法制定議会の選挙が行なわれて、その選挙結果に基づいて翌月、ハイム・ヴァイツマン臨時大統領によって建国後最初の議会が召集された。この議会において国会が立法府であることが宣言された。国会はヘブライ語で「クネセト」と呼ばれる。「集会」に由来する語で、たとえばユダヤ教礼拝所シナゴーグもヘブライ語では「ベイト・ハ・クネセト(集会の家)」である。国会は、全国一選挙区の完全比例代表制の下で選出された一二〇議席で構成される一院制議会で、日本と同じように議院内閣制をとった。議会における第一党が首相になるわけである。

イスラエルには先に触れたように大統領職もある。イスラエル大統領は、以下の国事行為を行なう国家元首であるが、実権をもたない「名誉職」である。国会の指名に基づき首相を任命、内閣の指名に基づき最高裁判所長官を任命、法律・政令および条約を公布、国会を召集・解散、国会議員の総選挙の施行を公示、国務大臣および法律の定めるその他の官吏の任免並びに全権委任状および大使・公使の信任状を認証、大赦・特赦・減刑・刑の執行の免除および復権を認証、批准書および法律の定めるその他の外交文書を認証、外国の大使・公使を接受、を行なう。現在の大統領はシモン・ペレス（一九二三年〜）である。

マパイ労働党連立政権

第一期国会において第一党となったマパイ労働党は、一二〇議席中四六議席を獲得したものの、過半数には足りないために単独では組閣できなかった。そこでマパイ労働党党首ベングリオンは、マルクス・レーニン主義を唱えるシオニスト左派の統一労働者党（マパム）と一般シオニスト党（特定の党派に属さないリベラルなシオニストを指す。一九六一年に進歩党と合同してリベラル党と改称した）とともに組閣した。ベングリオンは、左右両翼の宿敵、つまり左翼のイスラエル共産党（マキ）と右翼の修正主義シオニスト政党で、一九四八年にベギンが結成したヘルート（自由）党を除けば、いかなる政党であっても連立内閣を組む用意があると表明した。

以来、マパイ労働党は、一九七七年の第九期国会選挙において修正主義シオニストのヘルート党の後身であるリクード党に破れるまで、四半世紀以上にわたって連立与党の中核を担い続けた。イスラエル国会史において、単独の政党だけで組閣が行なわれたことはなく、歴代の内閣はすべて連立政権であった。

国会内の対立

前章で述べたように、イスラエルにおいては今日に至るまで憲法が存在せず、その代替となる基本法しか存在しない。一九四九年の憲法制定議会において、イスラエルというユダヤ国家においてユダヤ教をどのように位置づけるかをめぐって、ユダヤ教宗教勢力と世俗勢力が激しく対立して妥結点が見出せなかったために、結局、憲法を制定することができなかったのである。国会内の宗教勢力とは、アグダト・イスラエル党（イスラエル連盟）に結集する超正統派ユダヤ教徒（ハレディーム）と国家宗教党（マフダル）に代表される宗教シオニストであった。この二つの宗教勢力はその後、歴代の連立内閣に加わってキャスティング・ヴォートを握ることになるのである。

第一期国会の議席状況を見ると、二つの宗教勢力は統一選挙リスト「統一宗教党」を結成して選挙戦を戦って一六議席を獲得した。この二つの宗教勢力が同じ選挙リストで出馬したのは、これが最初で最後であった。

中東イスラーム世界からの大量移民

第一期国会が途中解散のために、第二期国会選挙は一九五一年七月に行なわれた。その結果、マパイ労働党が第一党の地位を守り、ベングリオン内閣が続投した。この選挙ではユダヤ新移民が増大したために、有権者数がほぼ倍増した。第一期国会選挙では五〇万六五九七人だったのが、九二万四八八五人になった。イスラエル建国直後の四八年から五一年までは、イスラエル現代史で「大量移民期《アリヤー・ハモニート》」と呼ばれている。

イスラエル人口（非ユダヤ人、つまりアラブ人も含む）は、建国の時点では約六五万人であったのが、一九五〇年には約一三七万人、六〇年には約二一五万人に倍増していった。これはユダヤ人移民を増大させるというイスラエル政府の移民政策によるもので、五六年末までの移民の出身地域の特徴は、アジア・アフリカ出身のユダヤ人が圧倒的多数を占めていたことであった。これは、一九四八年と五六年にイスラエルとアラブ諸国との間に戦争が勃発したために、中東イスラーム諸国に居住していたユダヤ教徒のほとんどが、イスラエルに移民した結果であった。中東イスラーム世界からの新移民のうち、出身国でいえば最大の数を誇っていたのがイラク系であり、五一年末までに約一二万三〇〇〇人がイスラエルに移民してきた。

統合への試み

イスラエル建国後の大規模なユダヤ人新移民のほとんどは、シオニズムという政治イデオロギーとは無縁の人びとであった。そのため、建国以前にシオニズムの考え方に共鳴してやってきたユダヤ人移民の性格を根底から変えることになった。

ベングリオン首相は、新移民の受入れ政策が党利・党略に利用されて、国論が分裂することを懸念した。そのために、新移民を受け入れるための諸機関を国家の直接管理下に置いた。また、ベングリオンは、中東イスラーム世界からの「東洋《ミズラハ》」系新移民をイスラエル社会に同化させるために、アメリカの「メルティング・ポット（人種の坩堝）」型の移民政策に相当する「離散民の融合」の考え方を強調した。これは、離散民がイスラエルで同化して一つの国民になるという理念である。しかし、「東洋《ミズラハ》」からのユダヤ人は「東洋系諸コミュニティ」と呼ばれたことに象徴されるように、ヨーロッパ出身のユダヤ人が作り上げたイスラエルの生活様式や価値規範とはまったく異なる文化的背景をもっており、宗教的にも敬虔なユダヤ教徒が多かったのである。

そのため、イスラエル政府は新移民をイスラエル社会に同化させる政策を実施するうえで最も重要な教育機関を、それぞれの党派の管理から国家の一元的な管理に統合した。また、建国当初から一八歳になると男子約三年、女子約二年のイスラエル国防軍への徴兵制度があるが、これも立派なイスラエル国民になるための同化政策のための場として利用された。超正統派ユダヤ教徒、アラブ人(ドルーズ派とベドウィンは除く)、チェルケスは徴兵の義務は免れた。他方で、出身地域によって微妙に異なるユダヤ教の宗教的な典礼や諸規範も、必要に応じて教育制度や国家行事の儀礼に積極的に取り入れた。

1990～99年	2000～07年
—	1,606
1,717	1,061
1,095	669
—	202
—	57
49,524	23,677
8,508	1,573
60,844	28,845
39,651	25,612
—	29
176	131
2,623	1,890
1,251	1,584
5,123	2,938
48,824	32,184
3,673	606
772,239	125,789
2,150	861
2,150	758
1,894	250
4,851	2,703
2,765	884
10,443	11,091
5,722	1,092
6,192	2,659
812,079	146,693
15,480	11,585
8,886	10,944
9,001	9,824
33,367	32,353
956,319	240,085

表3　イスラエルへの移民数(単位：人)

出生地	1948～51年	1952～60年	1961～71年	1972～79年	1980～89年
イラン	21,910	15,699	19,502	9,550	8,487
インド	2,176	5,380	13,110	3,497	1,539
トルコ	34,547	6,871	14,073	3,118	2,088
イラク	123,371	2,989	3,509	939	111
イエメン	48,315	1,170	1,066	51	17
旧ソ連アジア	—	—	—	—	—
その他	7,385	5,010	7,311	2,301	2,191
小計アジア	237,704	37,119	58,571	19,456	14,433
エチオピア	10	59	98	306	16,965
リビア	30,972	2,079	2,466	219	66
エジプト・スーダン	16,024	17,521	2,963	535	352
モロッコ	28,263	95,945	130,507	7,780	3,809
チュニジア	13,293	23,569	11,566	2,148	1,942
その他	4,720	4,312	17,285	8,285	5,530
小計アフリカ	93,282	143,485	164,885	19,273	28,664
ブルガリア	37,260	1,680	794	118	180
旧ソ連ヨーロッパ	8,163	13,743	29,376	137,134	29,754
ドイツ	8,210	1,386	3,175	2,080	1,759
ハンガリー	14,324	9,819	2,601	1,100	1,005
旧ユーゴ	7,661	320	322	126	140
イギリス	1,907	1,448	6,461	6,171	7,098
ポーランド	106,414	39,618	14,706	6,218	2,807
フランス	3,050	1,662	8,050	5,399	7,538
ルーマニア	117,950	32,462	86,184	18,418	14,607
その他	27,863	4,176	10,401	6,655	6,010
小計ヨーロッパ	332,802	106,314	162,070	183,419	70,898
アメリカ合衆国	1,711	1,553	18,671	20,963	18,904
アルゼンチン	904	2,888	11,701	13,158	10,582
その他	1,165	2,329	12,149	10,930	9,883
小計アメリカ・オセアニア	3,780	6,770	42,521	45,051	39,369
総　計	687,624	297,138	427,828	267,580	153,833

- 1948年は5月15日以降の数字
- 総計には出生地不詳の人数等も含まれており，計算があわない
- イスラエル統計局の資料に基づいて筆者作成

それと同時に、ベングリオンの新政府は、新国家内部の分裂にも発展しかねない世俗勢力と宗教勢力の対立に直面していた。そこで、ユダヤ人内部の「文化闘争」を回避するために、反シオニズムの立場をとるアグダト・イスラエル党などのアシュケナジームの超正統派ユダヤ教徒の宗教勢力に対して、宗教教育の面での自己裁量権(独自の宗教学校制度の設立)を認め、超正統派ユダヤ教徒の子弟に対するイスラエル国防軍の兵役の義務を免除するなど、特別措置をとらざるをえなかったのである。

宗教勢力との協調

ベングリオン首相は社会主義を信奉するシオニストであり、世俗主義者であった。しかし、ベングリオンには建国前から懸念があった。それはパレスチナのユダヤ人社会は政治的・文化的にばらばらであり、来るべき新国家イスラエルにおいて国家統合ができるかどうかという問題であった。その意味で宗教勢力との協調関係を作り上げることは、新国家の建設のためにはどうしても必要なことであった。とりわけ、超正統派ユダヤ教徒は、イスラエル建国前から世俗的すぎるシオニズムに徹底的に反対する立場を鮮明にしてきたので、ベングリオンは建国直前、宗教勢力が新国家においてもそれまでの宗教的現状を維持することを受け入れたのであった。

とはいうものの、イスラエルは「ユダヤ国家」として宗教と国家の分離を建前としており、シオニズムという世俗的ナショナリズムとしてのイデオロギーが国民に広く浸透していた。同時にイスラエルの憲法に相当する独立宣言では、イスラエルはユダヤ人の「民族国家」であることは明確に述べてはいるものの、ユダヤ教が「国教」とは明示されていない。というのも、独立宣言ではイスラエル国は民主主義的な理念に基づいて建国されたとも述べられており、国民の約二〇％がイスラエル市民権をもつ非ユダヤ人、つまりアラブ人であることに配慮したものであったからである。

ベングリオンは建国後、アラブ諸国との戦争状態の現実を踏まえ、上からの国家統合の必要性を痛感していた。しかし、マパイ労働党単独では国会内の議席の過半数を獲得することができないために、他の政党と連立内閣を組むために多数派工作をせざるをえなかった。ベングリオンは前述のとおり、左右両翼の共産党とヘルート党とは絶対に連立内閣を組まないという強い政治的信念をもっていたために、ユダヤ教の宗教勢力に目を向けざるをえなかった。そこで、建国以前から明快な反シオニズム的立場をとってきたアシュケナジー系超正統派ユダヤ教徒の宗教勢力であるアグダト・イスラエル党と政治的に手を結んだのである。

「紳士協定」

建国直前に宗教的現状維持を取り決めた「紳士協定」は、その後のイスラエル国家における世俗的なシオニスト諸政党と宗教諸政党との関係を規定することになったばかりではなく、イスラエルが国家としてユダヤ教的伝統を公的に維持することを承認することになった。

その「紳士協定」の内容は、①安息日(シャバト)の承認と公共領域におけるその遵守、②コーシェル(ユダヤ教に則った食事規則)の政府関係機関における遵守、③出生、婚姻、相続、埋葬など、ユダヤ教徒一人ひとりの生活にかかわる諸問題をハラハー(ユダヤ宗教法)にしたがってラビ法廷の管轄下に置く、④教育制度に関して超正統派ユダヤ教徒あるいは正統派ユダヤ教徒などの宗教組織による学校運営の承認と国家による不干渉、⑤宗教諸コミュニティに対する公的財政援助、などであった。

宗教的自治　この宗教的現状維持協定は、その後のイスラエルの日常生活を規定することになった。例えば、①によって、イスラエルでは金曜日の日没から土曜日の日没まで国民の主要な交通手段となるバスが運休となり、商店も閉店してしまうことになった。とりわけイスラエルの政治と宗教の関係を考えるうえで重要な意味をもったのは、③から⑤である。というのも、イスラエルは「政教分離」(国家と宗教の分離)の原則を国是としながらも、また最高裁判所による法的な縛りがあるものの、宗教法が世俗的市民法から相対的に独立して機能することを認めることになったからである。

宗教的現状維持協定は、イスラエルというユダヤ国家がオスマン帝国の統治制度であるミッレト制(宗派自治制)を踏襲することにつながった。宗教や土地にかかわる法令で、オスマン帝国期からイギリス委任統治期を経て現在まで連続性をもつ法律もある。ユダヤ教の宗教行政に携わる公的な機関として、首席ラビ庁、ラビ法廷の権限を承認したのがその典型である。もちろん、ユダヤ宗教法の立法機関であるラビ法廷は、最高裁判所の裁定の支配下にあることは言うまでもないことである。

ユダヤ教以外の宗教・宗派でも同様のことがいえる。イスラームでもシャリーア（イスラーム法）法廷に、またキリスト教諸教会でも主教座などに宗教的自治が与えられている。ここで言う宗教的自治とは、前述の紳士協定の③に相当する出生、婚姻、相続、埋葬などの私法レベルでの範囲に限られている。したがって、イスラエルでは原則として宗教が異なる者同士の婚姻は禁止されている。なぜならば、それぞれの宗教行政機関がこれらの権限を有しているからである。もちろん、海外で婚姻関係を結んだ場合、内務省は事実婚を承認しているので基本的に問題はないし、生涯、宗教諸組織と関係をもたないで市民生活を送ることもできる。埋葬も地方自治体によって建設された公共墓地などで行なうことも可能である。

以上の宗教的現状維持に関する合意は、世俗的なシオニストからはベングリオン首相による一世一代の「失政」とみなされている。というのも、この「紳士協定」は一九七七年に修正主義シオニスト政党であるリクード党が政権を獲得して以降、きわめて深刻な問題としてたち現れてきたからである。ユダヤ教に深くかかわるいくつかの法律、具体的にいえば、過去にシナゴーグなどの宗教施設があったとされる場所の発掘調査にかかわる考古学遺跡法、死後の遺体を解剖するための検死法、堕胎を認めないユダヤ教に深くかかわる中絶法、そして「誰がユダヤ人か？」問題と深く関わっている基本法の一つ「帰還法」の改定に関して議論が沸騰したからである。時代はあとのことになるが、ここでこの「帰還法」の改定問題について見ておこう。

ハラハーと呼ばれるユダヤ宗教法の伝統にしたがえば、ユダヤ人の定義は「母親がユダヤ人か、あるいはユダヤ教に改宗した人」である。

カトリックの「ユダヤ人」はイスラエル人か

つまり、母親がユダヤ人でありさえすれば、その人がユダヤ教徒でなくても「ユダヤ人」ということになる。

ところが、次のような事件が起こり、この定義が揺らぐことになった。第二次世界大戦中にカトリック教徒に改宗した一人の「ユダヤ人」神父が、ナチスに迫害されるユダヤ人を救う活動を行なった。戦後、イスラエルが建国されると、自分は信仰としてはカトリックであるが、帰属すべき民族としては「ユダヤ人」であると主張して、新たに建国されたイスラエルに移民の申請をして、自分はイスラエル国民になる権利があると訴えた。しかし、イスラエル政府はこの訴えを却下し、カトリック信者の「ユダヤ人」であるダニエル神父は、最終的にイスラエル最高裁でも敗訴して、イスラエル国籍／市民権を取得することができなかった。イスラエル政府はこのダニエル神父裁判を機に、イスラエルにユダヤ人の新移民を受け入れる法的根拠となっている「帰還法」を改定せざるをえなくなった。

帰還法の改定

世界に離散するユダヤ人がイスラエルに帰還する権利を有することを規定するイスラエルの帰還法は、建国直後の一九五〇年に制定された。帰還法第一条の「帰還の権利」では「すべてのユダヤ人はエレッ・イスラエル（イスラエルの地）にアリヤー（移民）する権利を有する」と述べられている。ところが、一九七〇年に帰還法第四条に改定が加えられた。すなわち、「（家族成員の諸権利）第四条A (a) 本法におけるユダヤ人の諸権利および国籍法（西暦一九五二年）における新移民の権利、および同様に他の法律における新移民の諸権利は、ユダヤ人で宗教を自発的に変更した人を除き、ユダヤ人の子供および孫、ユダヤ人の孫の配偶者にも付与される。（以下、略）」、「（定義）第四条B 本法の趣旨では、〝ユダヤ人〟とは、ユダヤ人の母から生まれ、あるいはユダヤ教徒に改宗した者で、他の宗教の成員ではない者を意味する」とされた。この傍点部分が改定により新たに加えられた。

とりわけ注意を要する点は、「宗教を自発的に変更した人を除く」や「他の宗教の成員ではない者」というように、ユダヤ教から改宗していない、あるいは他の宗教に属していないという条件がユダヤ人に加えられたことである。この変更は、世俗国家として出発したイスラエルの建国理念の変更とも解釈できるほど、政治的に重要な意味をもつ決定であった。しかも、イスラエル国籍／市民権を与える行政機関は、政教分離の原則を建前とした内務省なのである。

2　イスラエルの発展と新移民

イスラエルは敵対するアラブ諸国に囲まれているために、国防政策を最優先しなければならなかった。ベングリオンは建国後、地下武装組織であったハガナ軍、イルグン軍、レヒ軍などを解体・統合して、一九四八年五月二六日、正式にイスラエル国防軍（略称ツァハル）を発足させた。イスラエル国防軍は、文民支配の原則の下で、首相が最高司令官と位置づけられ、国防大臣直属の参謀総長が制服組のトップとなった。ベングリオン首相が初代国防相を兼任した。

国家統合と国防

ベングリオン首相は国防軍の前身であるハガナ軍の中の軍事的エリート集団パルマハ（「突撃隊」の略称）の解体を命じた。パルマハはキブーツ運動に基盤をもち、建国前にはマパイ労働党のユダヤ人社会での権力の源泉となっていた。パルマハからはイガール・アロン、モシェ・ダヤン、イツハク・ラビンといった労働党系の有力政治家を輩出した。この集団の解体命令は国防軍内における党派性の排除を意味した。

また、ベングリオンは前述のとおり、一九四八年六月、修正主義シオニストの軍事組織イルグン軍の兵士や武器・弾薬を積んだ貨物船アルタレナ号の撃沈をも命令した。というのも、独立国家建設後にも民兵組織であるイルグン軍に武器所持を認めてしまうと、建国直後の不安定な状況の中で内戦にも発展しかねなかったからであった。実際、この事件はイルグン軍司令官ベギンの対応次第で内戦になりかねなかったが、ベギンがベングリオンの命令に従ったために大事には至らなかった。

このように、ベングリオンは、建国以前にはそれぞれ独立的な機能を果たしていた諸政党や労働組合などの非国家的諸組織を国家機関に従属させる新たな政策を強行した。その国家主義的諸政策はヘブライ語で「マムラフティユート(エタティズム)」と呼ばれ、ベングリオン首相の新生イスラエルの国家統合政策の象徴ともなった。

外交をめぐる対立

ところが、イスラエル建国直後、ベングリオン首相はイスラエルの外交・国防政策の進め方をめぐって、同じマパイ労働党のモシェ・シャレット外相と激しく対立した。イスラエルは建国直後、ソ連や東欧諸国からのユダヤ人移民を受け入れなければならなかったために、米ソ冷戦の激化のなかでも中立的立場を保っていたが、一九五〇年の朝鮮戦争の勃発を境としてアメリカへの依存を次第に強めていった。スターリンのソ連および共産圏諸国の反イスラエル的姿勢が明確になってゆき、さらに朝鮮戦争に米軍を中核とする国連軍の一翼としてイスラエル国防軍を派遣する問題が浮上して、イスラエルはアメリカとの関係を次第に強めていったのであった。

ベングリオンとシャレットの対立が顕在化してきたのは、アイゼンハワー米大統領が就任した一九五三年ころからである。隣国エジプトでナーセルらの自由将校団が王制を転覆させたエジプト革命の起こった時期にも重なっていた。シャレット外相は周辺アラブ諸国との関係に関しては、外交交渉を通じた国際協調に基づくハト派穏健路線の考え方をとっていた。それに対して、ベングリオン首相は強力な軍事力を背景として積極的攻勢に出ることにより、イスラエルの防衛は初めて可能になるという武闘派的なタカ派強硬路線の考え方をもっていた。

決定的亀裂

両者の決定的な対立は次のように起きた。ベングリオンは一九五三年一二月に首相を辞して、イスラエル南部のネゲヴ沙漠地帯にあるキブーツ・セデ・ボーケルの集団農場で一時期、引退生活に入った。ベングリオンに代わって五四年一月、シャレットが首相兼外相として組閣したが、ベングリオン派のピンハス・ラヴォン(一九〇四～七六年)が国防相として入閣してにらみを利かせた。同時に、ラヴォン同様にベングリオンの子飼いであったモシェ・ダヤン(一九一五～八一年)が国防軍参謀総長に就任した。このベングリオン派の二人による強硬な国防政策は、事前にシャレット首相の承認を得ることなく、ときには首相が何も知らないままにベングリオンの指令の下で遂行されるというきわめて変則的なやり方であった。

とりわけ、一九五五年二月二八日にパレスチナ人ゲリラに対して実行された国防軍によるガザ攻撃に関しては、シャレット首相に攻撃の規模を事前に報告することもなかった。その攻撃は、当時エジプトの統治下にあったガザのパレスチナ人ゲリラによるイスラエルへのテロ活動に対する報復という名目で行なわれ、パレスチナ側は多数の死傷者を出した。なお、そのときのガザ攻撃の特殊部隊の隊長が、後に首相になる若き日のアリエル・シャロンであった。

シャレット首相は当時、秘密裏にエジプトと和平交渉を行なっていたが、このガザ攻撃のためにエジプトとの関係は修復不可能になるまで悪化してしまった。ナーセル大統領は第二次中東戦争（スエズ戦争）勃発までは、アメリカの仲介によるイスラエルとの秘密和平交渉に国交正常化への一縷《いちる》の望みを抱いていたのであった。ところが、一九五五年七月の第三期国会選挙でマパイ労働党が再び勝利し、ベングリオンが首相兼国防相として返り咲いた。その結果、ベングリオンらのタカ派強硬路線がシャレットらのハト派穏健路線に勝利して、スエズ戦争への道を決定的にした。

ベングリオンの復活とスエズ戦争

ベングリオンは、エジプトとの秘密和平交渉の仲介を行なっていたアイゼンハワー米政権からは武器入手が不可能だと判断すると、フランスに武器供給先を求めた。一九五六年七月のナーセル大統領のスエズ運河国有化宣言を機に、同年一〇月、イスラエルは英仏との共同軍事行動に加わったことで、シャレット外相の追求したアラブ諸国との和平交渉の可能性は完全に途絶えてしまった。ベングリオン首相はアラブ諸国との戦争の道を再び選択したのである。

イスラエルは第二次中東戦争時、シナイ半島全域を軍事的に制圧したものの、米ソの圧力で結局は撤退をせざるをえなかった。また、アカバ湾から紅海に抜ける戦略的要衝の地にあるティラン海峡に関しても、イスラエル船籍の船舶はスエズ戦争直後、航行できなくなったが、国連軍の駐留によってようやく航行が可能になった。ティラン海峡を封鎖されてしまうとアカバ湾にあるエイラート港に出入りする船舶の航行ができなくなってしまうので、イスラエルにとっては死活問題であった。

ティラン海峡

新移民、ミズラヒーム

ここで国内社会に目を転じよう。イスラエルは建国後も新たなユダヤ人移民を受け入れることで「移民国家」としてその社会と国家を発展させた。イスラエル建国後の新移民はユダヤ機関などからの支援はあったものの、基本的に自らの労働力を「商品」とする以外何も所持せずにやって来た。とりわけ、問題となったのは、建国前とまったく異なる文化的背景をもつ新移民が一九五〇年前後からやって来たことであった。建国前には移民の多様性とはいっても、ほとんどがヨーロッパからのアシュケナジームであったが、建国後はアラブ・イスラエル紛争の激化とともに、中東イスラーム世界からイスラエルに移民せざるをえなくなったオリエント（東洋）系ユダヤ人、つまりミズラヒームが半数以上を占めたからであった。

ミズラヒームは一九六〇年代までに一〇〇万人近くがいくつかの波となってやってきた。イラク系ユダヤ人などの例外を除き、多くは貧しく、高等教育を受ける機会がなかった人びとであった。高等教育を受けた中東イスラーム世界出身のユダヤ人は、イスラエルではなく、むしろフランスなどを中心とする欧米諸国へと移民した。多くのミズラヒームは敬虔なユダヤ教信仰をもち、それぞれ出身地の文化的伝統に根ざす生活を営んでおり、シオニズムといった近代的なヨーロッパのイデオロギーとも無縁の人びとであった。そのために一九五〇年代から六〇年代にかけて移民してきたミズラヒームは、三〇年代のドイツ系移民あるいは八〇年代終わりから九〇年代はじめにかけての旧ソ連系移民などとは違って、移民後にイスラエル社会で経済的に豊かになり、社会的に成功することはなかなか容易ではなかったのである。

国家からの援助に依拠して暮らすミズラヒームは、一九六〇年代までは与党マパイ労働党による社会福祉政策の恩恵を一方的にこうむる弱い立場にあった。事実、一九七〇年代に入るまでは、ミズラヒームの存在が社会問題としてイスラエル国内で話題になることはほとんどなかった。というのも、ミズラヒームは新しい生活環境に慣れ、生活の糧を得るためだけに働くのが精一杯であって、自分たちの置かれた境遇を自省的に振り返る余裕すらもなかったからであった。

経済成長　一九五〇年代を通じてイスラエルは、西ドイツからホロコースト被害に対する膨大な戦時賠償金を受け取り、アメリカからの経済援助を受け、また離散ユダヤ人からの送金もあいまって、経済的発展のためのテイクオフの準備がなされた。それとともに、新移民の雇用も拡大していった。一九五〇年代から六〇年代前半までの国民総生産(GNP)の増加率は、毎年一一%を超えた。このような社会的・経済的要因が、労働党による長期間の安定政権を生み出したともいえる。しかし、一九六〇年代に入ると、ベングリオン時代も終わりを告げ、六〇年代中頃にはイスラエル経済の景気も後退していった。それに伴い、ミズラヒームの政治的存在感が増し、政治的構図が変容し始めた(第五章参照)。

労働党の結成

「建国の父」と呼ばれたカリスマ的指導者で政界のキーパーソンのベングリオンが、ラヴォン事件(一九五四年に起こったエジプトでのイスラエルのスパイ謀略事件)の問題が発覚したために、一九六五年に与党マパイ労働党から離党して、新たにラフィ(イスラエル労働者リスト)党を結成すると、イスラエル政界の再編が始まった。

まず、一九六五年四月、レヴィ・エシュコル(一八九五〜一九六九年)首相の率いるマパイ労働党は、労働統一党と組んで新たな選挙リストである「労働党連合」を結成して、ベングリオンの唱える選挙制度改革(比例代表制から選挙区制への移行)を阻止した。さらに第三次中東戦争後になるが、六八年一月にはモシェ・ダヤン、シモン・ペレスらのラフィ党主流派の若手も、ベングリオンの反対を押し切って労働党連合に加わった。マパイ労働党はこの新たな労働党連合結成を機に現在まで続く「イスラエル労働党」に改称した。一九六九年の第七期国会選挙では、労働党の選挙リストに社会主義シオニスト左派政党である統一労働者党（マパム）も加わって、労働シオニズムの諸潮流の大同団結がなされた。

対抗勢力の台頭

他方、それまでイスラエル政治では傍流でしかなかった修正主義シオニストの流れを汲む右派政党ヘルート党が、労働シオニズムの諸政党に対抗する政治勢力として台頭してきた。その端緒になったのが、一九六五年にヘルート党が選挙のためにリベラル党（一九六一年に一般シオニスト党と進歩党が合同して結成）と連合して、ガハール党（「ヘルート・リベラル派ブロック」の略称）を形成したことであった。ヘルート党はこの右派の連合により、イルグン軍の反英武装闘争に由来する戦闘的極右のイメージを弱めることに成功したのである。

もともとヘルート党は先に述べたように、一九二〇年代の第四波ユダヤ人移民（アリヤー）の小ブルジョア層や職人層など中間層の多かったポーランド系ユダヤ人に支持基盤をもち、リベラル党は主に一九三〇年代の第五波移民の比較的裕福なブルジョアジーのドイツ系ユダヤ人に支持基盤をもっていた。ポーランド系中間層にしろ、ドイツ系ブルジョアジーにしろ、社会主義シオニズムの支配体制に対しては政治的に疎外されているという強い不満をもっており、経済的には自由主義経済を目指すという共通の政策目標をもっていた。ヘルート党指導者でガハール党首のメナヘム・ベギンとリベラル党のヨセフ・サピール（一九〇二～七二年）は、一九六七年の第三次中東戦争直前、労働連合のエシュコル首相が首班となっている挙国一致内閣に無任所大臣として参加した。そのことでガハール党は、政権担当能力のある政党だというイメージ作りに成功して、政権への足掛かりとした。

3　アイヒマン裁判とホロコースト再論

ホロコースト「神話」

イスラエルでは、イスラエル建国がホロコーストの悲劇と直接結びつけられて語られてきた。実際、独立宣言の中にもホロコーストへの言及があり、建国は迫害されるユダヤ人の悲願の成就として説明されてきた。

しかし、ベングリオン初代首相に代表されるイスラエル独立に携わった建国第一世代のシオニスト指導者は、ホロコーストの犠牲に対しては、祭祀のために犠牲に捧げられる羊のように死に赴いた消極的な行為と見なして、パレスチナにおける自分たちシオニストの勇敢な戦いとの間に一線を画した。むしろ、ワルシャワ・ゲットーでナチス・ドイツに対して武力蜂起したユダヤ人の英雄的な行為に対しては、シオニズムの大義と軌を一にするので顕彰を惜しまなかったし、イスラエル国家としてもこのような英雄こそ「ホロコースト記念日」に讃えるべき存在だったのである。

すなわち、ホロコーストは、ディアスポラ(離散)におけるユダヤ人の生活には希望などありはしないという、シオニズムが主張してきた当然の前提を再確認した出来事に過ぎなかった。ホロコーストによって、ディアスポラの否定というシオニズムの考え方が正しいことが証明されたと、シオニスト指導者は認識したのである。建国当初のイスラエルには、ホロコースト生存者に対する冷淡とも無関心ともいってもいい雰囲気が拡がっていたが、これは、このような文脈において理解されなければならない。

ホロコースト生存者

一九四六年から四八年までは月平均二〇〇〇人、合計約七万人のホロコースト生存者がパレスチナに移民し、さらにイスラエルが独立する一九四八年五月から五一年末まで約三五万人もの生存者がイスラエルにやってきた。にもかかわらず、同時期、ホロコーストに関してはほとんど語られず、あたかも生存者がイスラエルという場から消滅したかのようだったという。ホロコーストは学校で教えられず、ヘブライ大学でも研究の対象にはならなかった。劇場でも演劇でもホロコーストには言及されず、詩・小説でもテーマにはならなかった。

もちろん、イスラエルは独立戦争という「非常事態」に置かれ、アラブ諸国との休戦協定の調印後も、新生国家はその存続のために絶えざる努力を行なわねばならなかった。そもそもホロコースト生存者が、あまりにも深いトラウマを残した悲劇を振り返る余裕をもち合わせていなかったのは当然であった。生存者は、通常の人間の体験する経験とは余りにもかけ離れた過酷な世界を生き残ったという「罪」の意識に苛まれ、沈黙という選択をせざるをえなかったのであった。と同時に、ホロコースト生存者の間には、ユダヤ国家の存在自体がナチスへの最大の復讐になるという認識が当時広がっていた、とヤド・ヴァシェム（ホロコースト記念館）の調査が明らかにした。

利用されるホロコースト

ところが、新生イスラエル国家は、ホロコーストをユダヤ人国家建設の正当化の材料として役立つかぎりにおいては大いに利用した。実際、イスラエル独立宣言では「数百万人のヨーロッパ・ユダヤ人の虐殺を余儀なくされたショアー（ホロコーストのこと）は……イスラエルの地にユダヤ国家の再生によってユダヤ人難民の問題の解決が緊急の必要性を帯びていることを疑いもなく証明することになった」と述べられている。しかし、独立宣言の中にある「ユダヤ国家の再生」という表現は、二〇〇〇年を隔てて第二神殿時代のユダヤ国家を新たに再建することを意味していた。つまり、ホロコーストを飛び越えてはるかにかなたの時代に遡って、マサダやバール・コフバなどの「創出された伝統」と直結されたのである。

社会主義シオニストにとって、ホロコーストでのユダヤ人の死は、あくまでも強大な権力に対して抵抗した上での死でなければならなかった。したがって、独立宣言の表現では、ユダヤ人はホロコーストで虐殺を「余儀なくされた」、つまり「（虐殺に抵抗した上で）屈服した、打ち負かされた」というヘブライ語表現で記されている。その表現の意味するように、社会主義シオニストにとってホロコーストの記念の仕方は、最後まで抵抗して闘った末に破れたユダヤ人を選択的に顕彰することなのであった。ホロコーストで運命にまかせて無抵抗のまま亡くなったユダヤ人の受動性と、イスラエル国家建設という民族的栄光を担う新しいユダヤ人の能動性とのあいだに横たわる矛盾を、ホロコースト解釈を変えることで繕うことになったのである。

実際、一九五一年四月に国会で採択されたホロコースト（ショアー）記念日の正式名称は、「ホロコーストおよび勇敢さを記憶するための記念日」であった。この記念日が顕彰しているのは、ワルシャワ・ゲットーで蜂起したユダヤ人であって、運命に身を任せて受動的な死を迎えた犠牲者ではなかった。ところが、記念日がユダヤ暦にしたがって設定されたために、その後、その日が西暦とは一致しないというずれが生じることになった。記念日はワルシャワ蜂起が実際に開始された西暦の四月一九日ではなく、ユダヤ暦のニサン（第七）月二七日に決められたからである。

このホロコースト記念日の式典が国家行事としてとり行なわれるようになるのは一九五九年になってからである。その翌年にナチの戦犯アドルフ・アイヒマンがアルゼンチンから拉致され、一九六一年に裁判が行なわれたのであった。

アイヒマン裁判は一九六一年四月、エルサレムにおいて開廷され、アイヒマンは人道に対する罪、ユダヤ人に対する罪などで起訴された。前年、イスラエル諜報機関は、アイヒマンがアルゼンチンに潜んでいる情報をつかみ、彼を拉致してイスラエルに連行した。イスラエル国内では裁判の様子が日々報じられ、また国際的にも裁判自体の合法性をめぐって賛否両論のさまざまな議論が行なわれた。

アイヒマン裁判

アイヒマン裁判は、イスラエルの国民統合のために「ホロコースト神話」を形成する契機となった。イスラエル国内の文脈で考えると、この裁判の背景には、イスラエルの国民統合の手段としてシオニズム・イデオロギーの破綻があり、ベングリオン首相がこの「一大政治ショー」に打って出ざるをえなくなったのである。当時このように、アメリカの雑誌『ニューヨーカー』の特派員としてエルサレムに派遣されたユダヤ人哲学者ハンナ・アーレントが、その著書『イェルサレムのアイヒマン』の中で指摘した。

イスラエルには、一九五〇年代に入ってモロッコからのユダヤ人、つまり、ミズラヒームが大量に移民してきた。モロッコ系ユダヤ人は、ホロコーストの悲劇をも経験しておらず、さらにシオニズムのイデオロギーをも信奉せず、モロッコ社会で培われた独自のユダヤ教信仰をもっており、イスラエル社会では異質の人びとであった。このようなホロコーストを体験していない人びとをイスラエル人として国民統合を行なうために政治的に利用されたのが、ホロコーストの神話であり、アイヒマン裁判であった。

ホロコーストがイスラエルとディアスポラ、とりわけアメリカのユダヤ人コミュニティとを強く結びつける契機となった事件が、次章において詳しく述べる一九六七年の第三次中東戦争であった。イスラエルはこの戦争で、ヨルダン領であった東エルサレムとヨルダン川西岸を占領した。それはユダヤ教の聖地「歎きの壁(西の壁)」をユダヤ人が手中に収めただけではなく、中東における強大な軍事大国であることを示すことになった。すなわち、アメリカ政府がイスラエルを中東地域における軍事的な橋頭堡として位置づけることになったのは、イスラエルがこの戦争での大勝利で中東の軍事大国であることを証明したからにほかならない。

ホロコーストとアメリカ

第三次中東戦争は、アメリカ・ユダヤ人社会におけるイスラエルの存在への関心の高まりと同時に、ホロコーストの悲劇をめぐる言説がアメリカ社会に浸透し始める契機にもなった。例えば、アメリカ各地でホロコースト・ミュージアムが建設されるようになった。さらに一九七三年の第四次中東戦争前後にはアメリカによるイスラエルへの軍事援助が急増し、一九八〇年代のロナルド・レーガン米大統領の時代になると、両国は本格的に緊密な関係を築いていった。アメリカとイスラエルとの「特別な関係」の形成は、社会主義シオニズム全盛期の一九五〇年代までの否定的なホロコースト観を覆い隠すことになった。

シオニズムに替わるシンボル

一九六〇年代を通じてホロコーストは、イスラエルの国民統合にとっては不可欠なシンボルへと「昇格」していく。というのも、それはシオニズムがイスラエル国民を統合するためのシンボルとはなりえなくなったことを意味したからであった。シオニズム思想とは元来縁もゆかりもなく、ユダヤ教信仰に篤い中東イスラーム世界からのユダヤ人新移民が、建国後イスラエルに大挙してやってきたからでもあった。この過程でホロコースト記念日は、死者への追悼という儀式においてユダヤ教の宗教的な諸シンボルと結びつくことになった。

つまり、ホロコーストは、シオニズム的イデオロギーとは別のレベルで、ユダヤ教的な意味づけとその教育を介して、非シオニスト的なユダヤ人をイスラエル国民として統合していく機能をもつと同時に、イスラエルとディアスポラを結合させる役割をも果たしていくことになったのである。ホロコーストは唯一絶対の一回性の出来事であり、また、それは非ユダヤ人の敵意が頂点に達した事件だという言説が、イスラエルにおいて受け入れられるようになり、支配的なものとして流通し始めるのも、第三次中東戦争後のことであった。

第5章

占領と変容

モロッコ系ユダヤ人の祭り，ミムナーが復活した(Aviad Kleinberg, *TKUMA* より)

1　第三次中東戦争と大イスラエル主義

第三次中東戦争

一九六七年六月五日、イスラエル空軍がエジプトを空爆し、さらにシリア、ヨルダンに対しても奇襲攻撃を開始して、第三次中東戦争が勃発した。この戦争は六七年五月二二日、ナーセル・エジプト大統領が、一九五六年の第二次中東戦争(スエズ戦争、シナイ戦争)以来、懸案となっていたティラン海峡の封鎖を宣言したことに端を発した。

イスラエル軍はまず、アラブ諸国の空軍機を破壊して制空権を掌握したうえで、陸上戦を開始した。イスラエル軍は対エジプト戦線においては、ガザを占領下に置き、三つのルートからシナイ半島を攻略し、七日には半島全域を占領した。対ヨルダン戦線では六日までにエルサレム旧市街、そして八日までにエリコを含むヨルダン川西岸全域を制圧した。エジプトとヨルダンは八日までに国連の停戦を受け入れた。しかし、シリア戦線ではゴラン高原をめぐる攻防戦が続き、イスラエル軍が一〇日までにゴラン高原全域を支配下に置き、一一日、シリア軍と停戦合意が成立した。

シリアとの停戦までわずか六日間であったため、イスラエル側はこの戦争を「六日間戦争」と呼び、アラブ側は「六月戦争」と呼んでいる。この戦争はイスラエル側の圧倒的な勝利で終わった（図3）。

国連安保理決議二四二号

国連安保理は一一月二二日、決議二四二号を採択し、イスラエルに戦争での占領地からの撤退を求める一方、関係当事国の国家主権、領土保全、政治的独立の尊重を求めた。換言すれば、イスラエルによる占領地からの撤退の見返りに、アラブ諸国に対してイスラエル国家の存在を認めるように求めている。この原則は「領土と和平の交換」と呼ばれて、その後アラブ諸国とイスラエルの間の中東和平交渉の出発点となった。

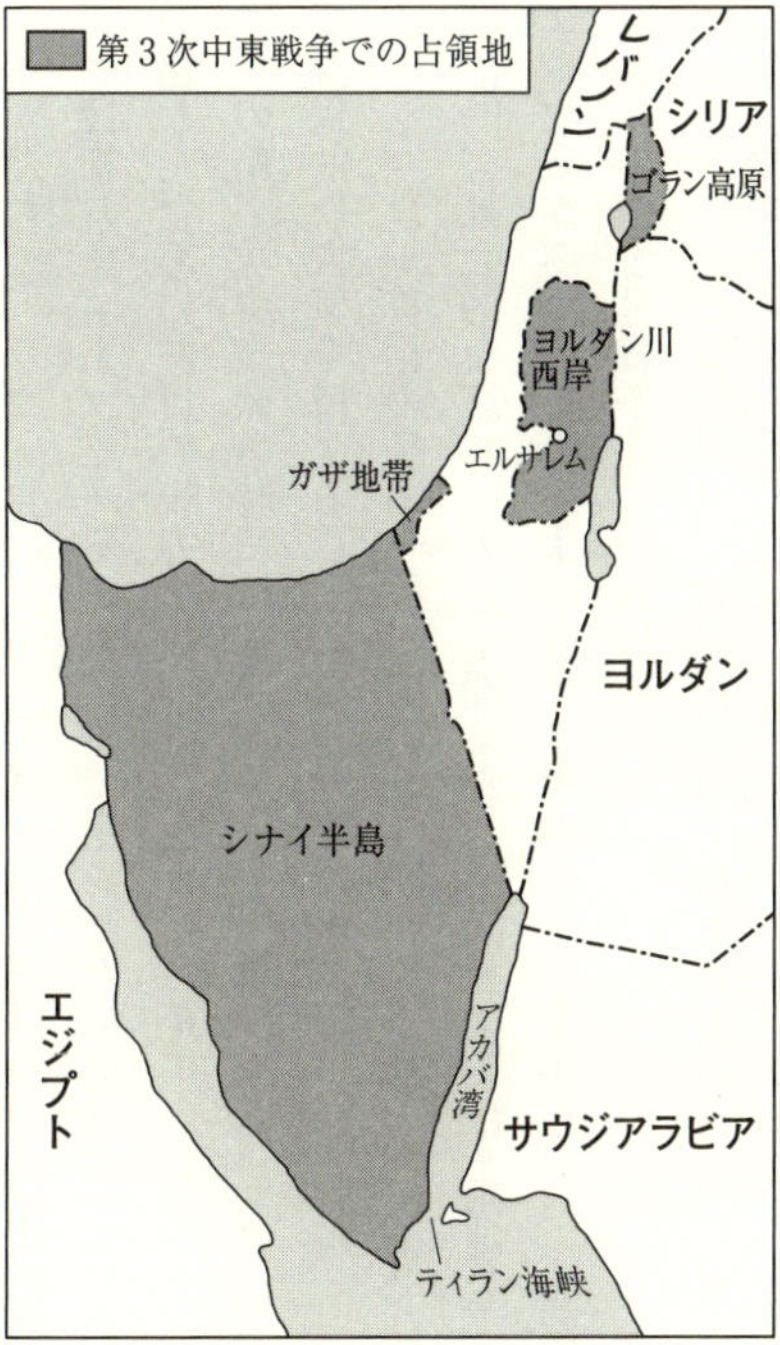

図3　第3次中東戦争後

エシュコル挙国一致内閣

この戦争の数日前、戦争に消極的だったマパイ労働党の長老エシュコル首相は世論に屈するかたちで、ラフィ党のモシェ・ダヤンを挙国一致内閣の国防相に任命した。独眼竜のダヤンは最初のキブーツであるデガニヤで生まれた労働党の軍事エリートで、第二次世界大戦中、負傷したために左目の視力を失った。しかし、そのハンディキャップにもかかわらず、一九五六年の第二次中東戦争時には参謀総長として指揮をとった。そして、この六日間戦争の大勝利で国民的な人気を博することになったのである。

エシュコル首相の挙国一致内閣の下で戦われた第三次中東戦争は、それまでのイスラエルの政治的、社会的な流れを大きく変えた。イスラエルはこの戦争でヨルダンからヨルダン川西岸、エジプトからガザ地帯およびシナイ半島、シリアからゴラン高原を奪い、占領地とした。イスラエルの領土は戦争前の四倍に拡大した。

歎きの壁の「奪還」

とくにユダヤ教徒にとって最も神聖な聖地、「歎きの壁」(西の壁)があるエルサレム旧市街をイスラエルの統治下に置くことになったことは、重要な意味をもった。「歎きの壁」は一九四八年以来ヨルダン支配下にあったために、ユダヤ教徒は礼拝できなかったが、イスラエルの手に「奪還」されることによって礼拝が可能になった。歎きの壁の奪還をユダヤ民族の救済に向けての第一歩とみなす者さえいた。ユダヤ教の聖地がユダヤ人の手に帰したことは、伝統的信仰をもつユダヤ教徒のみならず、日ごろ信仰には格別の関心をもたない一般のユダヤ人にも、神による「奇跡」と受け止められ、メシア来臨による贖罪の日が近づきつつあるように感じられた。

他方、世俗的シオニストにとっても、ヨルダン川西岸、ガザ、そしてゴラン高原をイスラエルが領有することにより、隣接するアラブ諸国と対峙する際の防衛線が深くなり、イスラエル国家の安全保障の観点から「占領」は必要不可欠なものとして正当化された。

しかしイスラエルは同時に、占領地のヨルダン川西岸・ガザに住むパレスチナ人の約一〇〇万人を実質的に「国内」に抱え込むことになった。さらに、ヨルダン領だった東エルサレムとシリア領のゴラン高原はイスラエルに併合されたため、イスラエルのアラブ人に加えてさらに多くのアラブ人を抱え込んだ。「ユダヤ国家」においてユダヤ人が多数派であることを危うくするような人口統計上の問題のために、ユダヤ国家からアラブ人を追放せよといったシオニストの極右的な考え方が生まれてくることになる。

大イスラエル主義の台頭

実際、第三次中東戦争の結果、右派の修正主義シオニストが目指した大イスラエル主義の考え方が、単なる机上の空論から現実味を帯びた事態となった。委任統治領パレスチナの領域全体に相当するイスラエルの地(エレッ・イスラエル)に、ユダヤ人以外の民族を排除したユダヤ国家を建設するという夢が実現に近づいたのである。このような新たな現実が生まれたことが牽引力となって、六日間戦争から一九七三年のヨーム・キップール戦争(第四次中東戦争)にかけての時期に、世俗的な修正主義シオニスト勢力が政治的に台頭することになった。

さらに、「イスラエルの地」は聖書の記述に基づき神により与えられたもので、「ヨルダン川西岸」を指す「ユダヤ・サマリア（イェフダー・ショムローン）」がイスラエルに帰属するのは当然と考える過激な宗教的政治運動も生まれてきた。グーシュ・エムニーム（信徒の陣営）などの宗教シオニズムの諸潮流がその象徴的な存在であった。この宗教的政治運動は、修正主義シオニストの世俗的な大イスラエル主義とは一線を画しながらも、メシア来臨を待望する過激な宗教的イデオロギーを掲げるユダヤ人入植者によって結成された。

不況から好景気へ

六日間戦争でイスラエルが大勝利をしたことを機に、イスラエルの社会的・経済的な状況も劇的に変化することになった。一九六六年にはイスラエル経済は不況のどん底にあり、失業率もそれまでの三倍近い一一・五％にまで跳ね上がっていた。ところが、占領はイスラエル経済にとってカンフル剤の役割を果たして好景気に沸くことになった。

イスラエルがシナイ半島やヨルダン川西岸などの占領地を獲得することによって、軍事関連施設、ユダヤ人入植者のためだけの住宅や道路の建設など、占領地のインフラ拡充への投資が始まった。また、ヨルダン川西岸・ガザ地帯・ゴラン高原の市場にイスラエル商品が流通し始め、逆にパレスチナ人労働者がイスラエル労働市場に流入するようになった。

このような事態を通じて、占領地のパレスチナ人経済セクターの発展が阻まれたまま、占領地はイスラエル経済に組み込まれて「植民地経済」の観を呈していった。また、占領地からのパレスチナ人が単純労働力としてイスラエル労働市場における３Ｋ（きつい、汚い、危険）の職場で働くようになったため、それまでイスラエル経済の最底辺を支えてきたミズラヒームは、社会的に底上げされることになった。

メイール政権

第三次中東戦争を大勝利に導いたエシュコル首相が在職中の一九六九年二月に死去して、ゴルダ・メイール（メイヤー）（一八九八～一九七八年）労働党党首がその後継者としてイスラエル史上初の女性首相に就任した。メイール首相はサッチャー英首相よりもはるか前に「鉄の女」とあだ名が与えられた辣腕《らつわん》の政治家であった。マパイ労働党は一九六八年一月、前述のとおり、労働統一党およびラフィ党と合同してイスラエル労働党と改称していた。メイール首相の就任直後の一九六九年六月、第七期国会選挙が行なわれ、労働党は国会選挙史上最高の五六議席を単独で獲得して、メイール首班の連立内閣が成立した。

しかし、メイール首相は次々と難題に対処せねばならなかった。まず一カ月後、次節で述べるような大規模な民衆デモの波に直面した。さらに、占領地を拡大したイスラエルに対してその戦後処理において国際的な圧力がかかり、労働党はその圧力をしのぐために、二六議席を獲得した右派シオニスト連合ガハール党（一九六五年にヘルート・リベラル派ブロックとして結成）と挙国一致内閣を発足させた。しかし、第三次中東戦争後、エジプトとの間で「消耗戦争」と呼ばれる砲撃戦が続き、これを終結するためのアメリカのロジャース和平案をメイール首相が受け入れる表明を行なった。ガハール党はこの和平案受諾に反対して連立内閣から離脱した。

さらに、メイール首相にとって衝撃だったのが、一九七二年九月に起こったミュンヘン・オリンピック選手村事件だった。ミュンヘン・オリンピックでイスラエル選手団が選手村でパレスチナ人政治組織「黒い九月」によって監禁され、西ドイツ当局は救出作戦を企てたが、結局、多数の死傷者が出てしまった。メイール首相は「黒い九月」のテロリストに対する暗殺を指令した。その暗殺計画はユダヤ系アメリカ人のスピルバーグ監督作品『ミュンヘン』(二〇〇五年)で詳細に描かれ、現在では広く知られるようになった。

ヨーム・キップール戦争の「敗北」

一九七三年一〇月六日、イスラエルは初めて屈辱的な経験をすることになった。ユダヤ教の最も聖なる祭日であるヨーム・キップール(贖罪の日)の休日の午後二時、エジプトとシリアは同時にイスラエルに対して電撃作戦で奇襲攻撃を行なった。この第四次中東戦争の緒戦において、アラブ側は戦術的に有利に作戦を展開した。イスラエル側はこの戦争を「ヨーム・キップール戦争」、アラブ側はラマダーン(ヒジュラ暦第九月の断食月)中だったので「ラマダーン戦争」あるいは「一〇月戦争」と呼んでいる。

イスラエルはエジプト軍の奇襲攻撃からわずか三日間でシナイ半島西部を失い、またシリア軍の攻撃によってゴラン高原の一部を奪われて、建国時の軍事境界線までも侵攻されかねない危機に陥った。しかし、イスラエル軍は一〇月一〇日から猛反撃に出て、形勢は逆転した。ゴラン高原のシリア軍に大攻勢をかけて追撃し、首都ダマスクスにまで接近した。最終的にイスラエル軍は軍事的勝利を収めることには成功した。また、国連安保理は一〇月二二日に決議三三八号を採択して、停戦と安保理決議二四二号のすべての条項の履行を呼びかけた。

アラブ・ボイコット

一〇月一五日、サウジアラビア、イラクなどのアラブ産油国（ＯＡＰＥＣ）は、戦闘中のエジプト、シリア、ヨルダンのアラブ諸国を支援するために、イスラエルへの支援を続けるアメリカとオランダに対して石油取引を禁止する声明を発表した。さらに一六日、イスラエルが第一次中東戦争の休戦ラインまで撤退しないかぎり、石油生産を毎月五％削減するとともに、アメリカ以外のヨーロッパ・日本などの国々に対しても、イスラエル支援をするならば原油輸出を禁止する旨の発表を行なった。いわゆる「石油戦略」あるいは「アラブ・ボイコット」の発動である。「石油戦略」の結果、それまで欧米石油資本メジャーに牛耳られて安く抑えられていた原油価格は、四倍までに急騰し、世界を巻き込んで「オイルショック」と呼ばれる経済的な危機に陥った。

メイール首相の辞任

この奇襲作戦の緒戦での軍事的な「敗北」は、六日間戦争の歴史的大勝利で驕っていたイスラエルの政治的・軍事的指導者の責任を問うことになった。「不敗神話」に酔っていたイスラエルは、この戦争によって建国以来はじめて受け身に回った戦争を経験し、イスラエル国民の心理に大きな衝撃を与えた。イスラエルは最終的にシナイ半島とゴラン高原を喪失することはなかったものの、メイール首相は、アグラナト調査委員会による緒戦での国防軍上層部の情勢判断の誤りの指摘を受け、世論の圧力もあって、一九七四年四月にその責任を取って辞任した。

後任の首相には、六日間戦争時の軍の参謀総長であったイツハク・ラビン(一九二二～九五年)労働党党首が七四年六月に選ばれた。ラビンは移民ではなく、パレスチナ生まれ(サブラ)の世代を代表する若い政治家だった。とはいうものの、第四次中東戦争での緒戦の「敗北」は、結果的に労働党政権の凋落のプロセスを加速化することになった。

シオニスト右派の躍進

逆に労働党の凋落によって、シオニスト右派がイスラエル国会で躍進することになった。一九六五年に誕生したガハール党は、第四次中東戦争後の一九七三年一二月に実施された第八期国会選挙直前の九月、さらに大きな右派連合であるリクード連合(以下、リクード党)として再出発した。ガハール党は、修正シオニズムのヘルート党とリベラル党という、まったく異なる考え方をもち社会的支持基盤も違う二つの政党から構成されていたが、「反労働党」という点では一致していた。

ヘルート党は、メナヘム・ベギンを指導者として、労働党の社会政策の恩恵をこうむることができずに不満を募らせていた都市貧困層に支えられた。また、リベラル党は、労働党の支配する政府やヒスタドルート(労働総同盟)主導の協同組合や公共事業から排除されてきた中小企業主や自営農など、都市中間層を支持基盤としていた。ところで、このヒスタドルートとは一九二〇年に設立された社会主義シオニズムを象徴する労働組合組織で、イスラエルのユダヤ人労働者のほとんどの医療、保険などの福利厚生を提供してきた。同時にヒスタドルートは基幹産業の経営母体でもあり、金融のポアリーム(労働者)銀行、建設業のソレル・ボネ社、重工業のクール社など公営企業をもその傘下においていた。つまり、一九八〇年代はじめの経済的自由化に伴う公共事業の民営化の進展の時期まで、労働党による社会経済的支配の一翼を担う強力な協同体組織として「国家内国家」を形成していた。

リクード党の結成

ガハール党は、第四次中東戦争でアラブ諸国側の奇襲作戦を事前に察知できなかった労働党政権に「職務怠慢」という烙印を押し、激しい労働党批判を展開することで、政治的な提携関係を広げ、リクード党の結成につなげていった。リクード党は、ヘルート党の創始者の一人シュムエル・タミール(一九二三〜八七年)の率いる自由中心党、労働党への復帰を拒否したベングリオンのラフィ党(国家リスト)、キブーツ運動の指導者イツハク・タベンキン(一八八七〜一九七一年)を精神的指導者とする大イスラエル運動など、占領地をアラブ諸国に返還することを拒否する点では一致する小政党が大同団結して結成されたものであった。リクード党の成立にあたっては、後にリクード党代表として首相になるアリエル・シャロンが調整役を果たした。

ミズラヒームという支持基盤

リクード党の大躍進を支えたのが、一九六〇年代まで自らの政治的立場を表明しえなかった中東イスラーム世界出身の新移民であるオリエント系ユダヤ人、ミズラヒームであった。先述のとおり、ミズラヒームは、占領地のパレスチナ人労働者が六七年の第三次中東戦争後にイスラエル労働市場に流入することで、社会的に上昇することになった。リクード党は、ミズラヒームがパレスチナ人に対して相対的に上位にあるかのような民族主義的な優越観を政治的に巧みに利用して、欧米系のエリートに対して抱いていた社会的・経済的な不満や劣等感を政治のチャネルを通じて吸い上げることに成功した。また、リクード党は社会的・経済的に占領地のパレスチナ人と競合関係にあるミズラヒームに、反アラブの民族的憎悪を掻き立てた。同時に、ミズラヒームは敬虔なユダヤ教信仰を保持していたために、労働党が掲げる社会民主主義的な世俗的シオニズムよりも、ユダヤ教の宗教的シンボルをも動員して排外主義的な大イスラエル主義を鼓舞するリクード党の強硬な政治路線に吸引されていったのである。

エスニック・リバイバル

ミズラヒーム票に支えられたリクード党の台頭は、出身地域の文化的伝統を重んじる「エスニック・リバイバル」ともいわれる文化現象の広がりと結びついていた。イスラエル社会は、アメリカの例にならえば「メルティング・ポット」から「サラダボウル」へと移行して、文化的な背景の違うさまざまな地域からのユダヤ人移民から構成される「多文化社会」へと変容しつつあった。こうしたイスラエルの多文化主義は、シオニズムが支配的だった建国時から一九六〇年代までには考えられなかった現象であった。モロッコ的ユダヤ教、イエメン的ユダヤ教などといったユダヤ教文化の地域的多様性が、イスラエル国民の間で公然と語られ始めた。

一九八〇年代に入ってからは、超正統派ユダヤ教徒のなかにもこの文化現象は広がっていった。アシュケナジー系ユダヤ人の主導権のもとに結成されたアグダト・イスラエル党から一九八四年にミズラヒームが反旗を翻して離脱し、シャス党（「スファラディー律法護持党」の頭文字をとった略称）を結成したからである。この潮流に関しては次章で詳しく触れることにしたい。

マフダルの衰退

ユダヤ教宗教勢力を代表する政党として、超正統派ユダヤ教徒の政党アグダト・イスラエル党とともに、宗教シオニズムの政党である国家宗教党（マフダル）がある。

国家宗教党は六日間戦争での勝利以来、占領地政策に関して強硬なユダヤ人入植路線を打ち出していた。国家宗教党は、第一回世界シオニスト会議以来の宗教シオニズム勢力で、ミズラヒー(東方)党と東方の労働者党の両党が、一九五六年に統一して結成された。ユダヤ教の律法に基づいてイスラエルの地にイスラエルの民のための国家を建設することを目的とし、宗教的キブーツ運動も推進した。一言でいえば、国家宗教党はユダヤ教とシオニズムを結合させようとした宗教的政治運動であった。第三期国会選挙以来、常に一〇議席から一二議席を確保し、建国以来、与党マパイ労働党と連立して、内務相、宗教相などの重要ポストを握り、ユダヤ教の安息日、ユダヤ教食事規定の遵守など、一連の宗教政策の導入で重要な役割を果たした。

しかし、国家宗教党内部の急進的極右勢力が、メシア的な熱狂的宗教運動であるグーシュ・エムニーム(信徒の陣営)やテヒヤ(復活)党などを結成して、一九七三年のヨーム・キップール戦争後、国家宗教党から分裂していったために、七〇年代後半以降、急速に政治的影響力を失っていった。

2　一九七〇年代の「オリエンタル・リバイバル」

文化的差異の序列化

第三次中東戦争後のイスラエルでは、「ユダヤ人」としての共通性よりも、むしろ出身地域ごとにあまりにも異なるエスニックなレベルの文化的差異が否応なく強調されることになった。さらにその文化的差異が、西洋的な価値観を体現するシオニズムのイデオロギーによって価値序列化されたところに、新たなエスニックな差別が生じた。

まず、アシュケナジームは「西洋」を代表し、近代ヨーロッパ的価値観と技術を身に付けた「肌の白い人」として表されることになった。他方、中東イスラーム世界出身のミズラヒームは遅れて野蛮な「東洋」の価値を表すことになり、イスラエルでは「肌の黒い人」として相対的に低く位置づけされることになった。結果的に、シオニズム教育や社会政策によって「善導」されなければならない対象とみなされたのである。

ムスラーラ地区の「反乱」

一九七〇年代初頭、エルサレムのムスラーラ地区の貧困なスラム街で、モロッコ系移民の第二世代の若者たちによる「反乱」が始まった。アメリカの急進的な黒人解放運動に擬して「ブラック・パンサー(黒ヒョウ)」と名乗った。その中心となったのは、貧困のために通学もせず、非行歴ゆえに軍隊に入る資格を剥奪されたような不良少年たちであった。

ムスラーラ地区は第三次中東戦争までは、エルサレムを東西に分断したイスラエルとヨルダンの軍事境界線に接した地域にあった。この地区は常にヨルダン軍の歩哨《ほしょう》に狙われ、パレスチナ人ゲリラによる侵入が絶えず、生命が危険にさらされるような居住区であった。ムスラーラ地区はもともとアラブ人たちが居住していた街区であったが、建国後にやってきたイラク系やモロッコ系移民には、かつてこの地区に住んでいたアラブ人の住宅があてがわれた。この地区はほどなくスラム化した。しかし、イスラエルがヨルダン領の東エルサレムを占領してから、東西エルサレムを結ぶ位置にあるムスラーラ地区はようやく再開発計画の対象となった。

ブラック・パンサー

一九七一年三月、ブラック・パンサーは初めての街頭デモを行なった。その後翌年の夏まで、学生や知識人などの参加を得て、エスニック間の社会的・経済的な差別の解消を要求する社会運動が数千人単位のデモを中心に展開された。とりわけ、エルサレムの中心部のヤッフォ通りにあるシオン広場で行なわれた集会には五〇〇〇人から七〇〇〇人が参加した。

当時、メイール首相は、会見を申し入れたブラック・パンサー運動の若者を「悪い子」になぞらえ、露骨に侮蔑の態度で接した。もともとデモの発端は、メイール首相が前年末、ソ連からの新移民を歓迎するレセプションの席上、「イスラエル国家に忠実なユダヤ人はみなイディッシュ語を喋らなければならない。イディッシュ語を喋らないものはユダヤ人ではないからだ」と発言したことにあった。首相はデモを鎮圧する一方で(皮肉なことに、デモ鎮圧の指揮にあたった当時の警察大臣はイラク系ユダヤ人で、後に国会議長になるシュロモー・ヒレルだった)、ミズラヒーム居住者が圧倒的に多かった都市貧困スラムの再開発計画に着手することを表明したのである。他方、ブラック・パンサー運動は若い指導部内の対立もあって自然消滅的に解散してしまった。

ブラック・パンサー運動は、イスラエル社会で抑圧された「もう一つのイスラエル」の実態を国民に示した反差別運動であり、その出現はユダヤ人の間の平等を標榜したイスラエル社会を大きく揺るがした。このブラック・パンサー運動に参加した若者の多くは、モロッコ系ユダヤ人である。彼らは大量移民期が終わった一九五〇年代中盤以降にイスラエルに移民してきた。

「港から入植地へ」方式

モロッコ系ユダヤ人はイスラエルの海の玄関口であるハイファ港に着くとまず、十分な移民収容施設もなく、電気も水道施設もない出来合いのあばら家の建っているだけのモシャーヴ（家族を経営単位とするユダヤ人集団農場）や開発都市（辺境地域に人口吸収のために新設された新興都市群）に港から直接送り込まれた。イスラエル移民史ではこの大量運搬のやり方は「港から入植地へ」方式として知られており、モロッコ系ユダヤ人の新移民に適用された新しいやり方だった。モシャーヴや開発都市のほとんどが、アラブ諸国との国境隣接地帯やイスラエル南部の乾燥したネゲヴの砂漠地帯に位置した。

モロッコ系ユダヤ人のモシャーヴ

ところが、モシャーヴ経営は実際にはうまく機能せず、モロッコ系入植者たちは雇用機会を求めて、アシュケナジームが経営する豊かで近代的なキブーツに労働力として働きに出かけた。また一九六〇年代後半以降になると、国境隣接地帯はパレスチナ人ゲリラからのカチューシャ・ロケット弾による攻撃が行なわれるために、いつも生命の危機にさらされている危険極まる場所でもあった。それでもモロッコ系ユダヤ人は故地モロッコでの生活を懐かしみながら、新たな「聖地」での自らの悲惨な境涯を受け入れざるをえなかった。

モロッコ系ユダヤ人たちが住み始めたモシャーヴや開発都市といった居住空間はいつしか、社会主義的志向をもつ世俗的シオニズムが掲げる理想とは無縁の、モロッコ的ユダヤ教の「小宇宙」となっていった。一九五〇年代中盤以降、モロッコからやってきたユダヤ人はもともとのスペイン出身のスファラディームだけではなく、南部ないしは中部モロッコ、あるいはアトラス山中地帯からの土着のベルベル系のユダヤ教徒もいた。新たな「故郷」のユダヤ人入植地では、出身地モロッコに置き去りにしてきたはずの数々の伝統が再び蘇り始めた。

モロッコ系移民のスラムと暴動

モロッコ系ユダヤ人の大規模な移民は、モロッコがフランスから独立する一九五六年から始まった。それはモロッコ国王ムハンマド五世がイスラエルへのユダヤ人移民の制限を撤廃したからであった。その結果、一九五〇年代終わりには約九万五〇〇〇人、六一年に約一〇万人に達した。さらにモロッコからの移民が、イスラエルのハイファ港に次々と上陸したものの、モシャーヴであれ、開発都市であれ、住居の供給が間に合わず、そのままハイファに滞留する人も増え始めた。さらに悪いことに、モシャーヴや開発都市の劣悪な環境に耐え切れず、ハイファに戻ってくる新移民もいた。そのため、ハイファには新移民のスラムが形成されることになった。そのようなスラムで有名なのが、ワーディー・サリーブ(アラビア語で「十字架の谷」の意味)であった。

モロッコ系移民の波の中間点ともいうべき一九五九年七月、ワーディー・サリーブ・スラムでモロッコ系移民による暴動が発生した。その端緒自体は他愛ないものであった。一人のモロッコ系移民の酔っぱらいが、ある飲食店でくだを巻き暴れ始めた。そこで店主が警察に通報し警官が駆けつけたものの、くだんの酔っぱらいは日頃のうっぷん晴らしで大立ち回りを演じて、警官による威嚇発砲であえなく御用となった。

ところがこの事件のニュースは歪曲されて伝わった。モロッコ人が警察の発砲によって殺された、と。ハイファの街は一挙に緊張に包まれ、一触即発の事態となった。というのもモロッコ系移民は警官の「発砲」を自分たちへの「人種差別」だと受け止めたからである。その背景には、ポーランド系移民に対する依怙《えこ》贔屓《ひいき》的な優遇措置への不満があった。というのも、モロッコ系移民にはいくら待てども住宅が支給されないのに、ポーランド系移民はすぐに新しい住居に入ってゆくのを目の当たりにしていたからである。実際、ベングリオン首相をはじめとして、当時のイスラエルの政治指導者、政府首脳・高官にはポーランド系を含むアシュケナジームが多かったのは統計的な事実だった。

モロッコ系移民はいまやイスラエルの出身国別ユダヤ人コミュニティとしてはポーランド系の人口数に急接近して最大になろうとしていた。「野蛮」で「無知」で「乱暴」でおまけに「怠け者」であるモロッコ系の連中に対しては、警察も国境警備隊(この隊にはイスラエル国籍をもったアラブのドルーズ派ムスリムが多かった)も一切妥協をしようという気はなかった。おまけにハイファは、潜在的な敵とみなされているアラブ人も数多く住む「多民族」都市である。したがって治安を維持することは、警察と国境警備隊のメンツにかかわる威信の問題でもあった。さらに警官にはモロッコ系よりも一〇年近く前に移民してきたイラク系ユダヤ人が多かったのである。

放置された格差

差別的措置に業を煮やしたモロッコ系スラム住民は、アシュケナジー指導部の象徴であったヒスタドルート(労働総同盟)の建物へ焼き討ちを行ない、一九五九年七月についに暴動が始まった。商店のショーウインドウは割られ、多数の負傷者を出したものの、暴動はほどなく鎮圧された。その後、調査委員会が組織され、政府に対してアシュケナジームとミズラヒームの社会的格差の解消の努力を勧告したものの、イスラエルに「人種」差別があることはきっぱりと否定した。

しかし、エスニック間の社会的・経済的格差はその後も全く解決されることはなかった。モロッコ系移民の子弟は、貧しさゆえに非行や売春などに走り、マフィア的な秘密組織もできた。

非行少年は兵役にもつけない。これはモロッコ系住民の再社会化という観点からも著しい社会問題となった。国防軍こそが新移民をイスラエル市民に育て上げる機能を果たしてきたからである。また、国家の安全保障が至上課題であるイスラエルにおいて、軍隊に行かないということは「非国民」を意味し、イスラエル市民としては不適格者だというのに等しかった。

伝統文化の再生

それでもミズラヒームは社会主義シオニズムの要請の下、「離散民の融合」という世俗的な国民統合のスローガンの下で、イスラエル国民として新たに生まれ変わらなければならなかった。イスラエルという「メルティング・ポット（人種の坩堝）」のなかでさまざまな過去をもつユダヤ人が溶け合った同化社会の形成が目標とされたのである。しかしそれは実際のところ、ミズラヒームが出身地で長い期間かけて育んだユダヤ教文化の伝統を捨て去り、当時イスラエルで支配的であった欧米のシオニストの近代的で世俗的な思考・生活様式を半ば強制的に身につけることを意味した。一九五〇年代から六〇年代に教育・徴兵などを通じて強力に推進された同化政策によって、ミズラヒームの文化的伝統は、シオニズムのヘゲモニーの下に外見上は払拭されたかに思われた。

ところが、「近代化」によって解消されたはずのそれぞれの出身地域のユダヤ教的遺産に根ざす文化的伝統が、一九七〇年代以降、突然息を吹き返し始めた。ミズラヒームは移民第二世代の若者たちが参加した一九六七年の第三次中東戦争の大勝利も相俟《あいま》って、イスラエル国民として自らの文化的出自への誇りを回復し始めたのである。モロッコ系のミムナー、クルド系のセランナ、そしてイラン系のルーゼ・バグなど、ペサハ(過ぎ越しの祭り)直後に行なわれていたそれぞれの地域の春祭りが復活した(本章扉写真参照)。北アフリカ出身のユダヤ人たちは、聖者信仰を自分たちのアイデンティティの拠り所として恥じることもなくなっていった。これらが「オリエンタル・リバイバル」とよばれる新しい潮流である。

アグダト党

オリエント系のミズラヒームの敬虔なユダヤ教徒の中には、アグダト・イスラエル(イスラエル連盟)党(以下では「アグダト党」と略記)の支持者もいた。しかし、ミズラヒームは、アグダト党の欧米系ユダヤ教徒の指導部の下に従属していた。アグダト党は欧米系超正統派ユダヤ教政党で、現在国会ではその政党名は残していないが、超正統派ユダヤ教徒の国際組織をもつユダヤ教宗教政党としては老舗《しにせ》である。一九八四年にこの政党からミズラヒームを代表するシャス党が生まれたことを考えあわせると、アグダト党は一九七〇年代までは欧米出身、アジア・アフリカ出身を問わず、イスラエルにおける超正統派ユダヤ教徒勢力を政治的に代表してきた。もともとアグダト党は一九一二年に反シオニスト超正統派ユダヤ教徒の宗教政党としてドイツ系正統派ユダヤ教徒によってシレジア(その大部分はポーランド領)で結成された。

アグダト党の精神的指導者は、一九七一年に死去するまでラビ・イツハク・メイール・レヴィンであった。レヴィンは一八九四年にポーランドに生まれ、一九四〇年にパレスチナに移民して積極的にホロコーストの惨禍からユダヤ人を救出する活動を行なった。第一期国会選挙後にベングリオン内閣の社会福祉相に就任、一九五四年にはアグダト党の国際組織の議長にもなった。アグダト党はレヴィンを先例にしてベングリオン率いるマパイ労働党の連立内閣に加わって、閣僚ポストを獲得してきた歴史がある。

3 ユダヤ人入植者とパレスチナ人

ヨルダン川西岸とヨルダン

一九六七年の第三次中東戦争でヨルダン川西岸はイスラエルの占領下に入った。しかし、イスラエルと最も長い境界線をもつ隣国ヨルダンは、第三次中東戦争以降もヨルダン川西岸との非公式の関係を維持した。ダヤン国防相が立案した「オープン・ブリッジ政策」によって、一九六七年戦争時の軍事境界線であるヨルダン川にかかるアレンビー橋(ヨルダンはフセイン王橋と呼んでいる)は閉鎖されなかったからである。イスラエル政府によって厳しい制限が課せられたものの、イスラエル占領地とヨルダンの間では人・モノ・カネの流通は許された。イスラエル占領地で生産された農業生産物は、ヨルダンを通じてアラブ世界に輸出された。

また、ヨルダン川西岸在住のパレスチナ人には、イスラエル占領後もヨルダン旅券が発給された。占領地のパレスチナ人は一九七三年の第四次中東戦争以降、原油価格高騰で活況を呈する湾岸産油国へ出稼ぎに行ったが、その際に彼らはヨルダン旅券を所持して出かけた。ヨルダン政府は、一九七八年のバグダードでのアラブ・サミット会議で決定されたイスラエル占領地への援助を分配した。また西岸の地方自治体や東エルサレムにあるイスラーム関係諸機関には、ヨルダンの公務員とみなして給与を支払い続けた。したがって、ヨルダンは、ヨルダン川西岸をイスラエルに占領されたあとも一定の政治的影響をもった。

イスラエルが占領地の「土地」を統治し、ヨルダンは占領地の「人」を統治しており、両者はその意味でヨルダン川西岸を共同統治していたといえる。イスラエル占領当局も親ヨルダン派のパレスチナ人指導者を通じて占領地の行政を円滑にするために、一九七〇年代終わりには村落同盟の結成を試みたり、民政への移管を試みたりしたが、結果的には失敗に終わった。

パレスチナ人労働者の流入

第三次中東戦争後の大きな変化は、前述のとおり、イスラエル労働市場にパレスチナ人労働者が参入し始めたことであった。一九六八年末にイスラエル企業においてヨルダン川西岸からのパレスチナ人労働者の雇用が認められ、翌年四月にはガザからの雇用も認められたのである。ただし、パレスチナ人の雇用認可はヒスタドルート(労働総同盟)が行なっており、イスラエルの労働法の規定にしたがって、イスラエル国民の生活に影響のないかぎりという条件つきで認可された。

イスラエル労働市場におけるパレスチナ人労働者の数は増え続け、一九七〇年には約二万六〇〇〇人であったのが、一九八四年には約九万四九〇〇人にまで増大した。これは実数としては三・六倍、年平均増加率は約一一五％に及んだ。しかし、この数字にはイスラエルに併合された東エルサレム出身のパレスチナ人労働者の数は統計上、含まれていない。またパレスチナ人労働者の約九七％が男子労働者であり、その約七割が一六歳から三五歳であった。さらに、全体の約七割が農村あるいは難民キャンプ出身者であった。難民キャンプは、イスラエル建国前後に故郷を離れて戻れなくなったパレスチナ人が居住しており、エルサレム周辺、西岸、ガザに点在した。難民に対しては国連パレスチナ難民救済事業機関（ＵＮＲＷＡ）が食糧、医療、教育の面で援助を行なっていた。

地域別にいえば、占領直後はヨルダン川西岸からのパレスチナ人労働者が約七割を占めていたが、一九八〇年代に入るとガザからの労働者が全体の約四割を占めるようになった。また、職種でいえば、全体の労働者の約四七％が建設業、約二二％が製造業に、あとはホテルや商店などに就業した。原則としてイスラエル政府によって許可を得なければならず、その就業形態は日々雇用で、ヨルダン川西岸あるいはガザからイスラエルの職場に毎日通勤することが義務づけられていた。しかし、次第に建設現場などで寝泊りするようになって、非合法就業者が増加していった。イスラエル社会はこのような占領地のパレスチナ人を受け入れることで、実質的に占領地との経済的な依存関係を深めていった。

入植地の建設

第三次中東戦争後、ヨルダン川西岸・ガザにおけるユダヤ人入植地の建設も進められた。西岸におけるユダヤ人入植地建設は、労働党政権下におけるアロン計画に基づく。イガール・アロン国防相(一九一八～八〇年)は六日間戦争終了後、エシュコル首相にパレスチナ人との和平案を提出したが、その中で西岸へのユダヤ人入植地建設に関する原則をも提示した。アロン計画によれば、ユダヤ人入植地の建設はイスラエル防衛上重要なヨルダン峡谷に限って建設すべきであって、西岸においてパレスチナ人が多く居住するナーブルス、ラーマッラー、ベツレヘム、ヘブロンなどのある丘陵地帯には入植地の建設を制限するというものであった。入植地建設は労働党政権下においてはこの計画にしたがって実施されていた。しかし、労働党の政権の方針に反して、ラビ・モシェ・レヴィンガーなどを指導者とする宗教シオニスト・グループが、ヘブロンに隣接するキルヤト・アルバアやアリエルなどの入植地の建設を強行した。

さらに、第四次中東戦争の緒戦敗退の衝撃を受けて、一九七四年に宗教シオニストの急進的ユダヤ人入植者グループがグーシュ・エムニームを設立すると、グーシュは労働党のアロン計画に反して西岸のパレスチナ人居住地域周辺にユダヤ人入植地を既成事実として次々に建設していった。そして一九七七年にリクード政権が成立すると、政府の入植政策は大きく転換した。ベギン首相の率いるリクード政権はグーシュによる入植地建設を事実上黙認し、さらに一九八一年にはリクード党による入植政策が画定され、入植地建設は政府主導の下で行なわれるようになった。

また、ゴラン高原は一九八一年にイスラエルに法的・行政的に併合され、占領地ではなくイスラエル国内の扱いと同じになった。ゴラン高原と同様に、第三次中東戦争で占領されたヨルダン領の東エルサレムも、大エルサレム市の行政区域に組み込まれて、事実上併合された。一九八〇年七月には東西統一エルサレムをイスラエルの永久の首都とする「首都エルサレム基本法」が制定され、イスラエルはエルサレムを正式に併合した。

併合された東エルサレムの領域には、パレスチナ人の居住地を分断するように、フェンスで囲まれた要塞のような都市近郊住宅型のユダヤ人入植地、例えば、アタロート、ネヴェ・ヤコーヴ、ピスガト・ゼェヴ、ピスガト・アミール、ラモット・アローン、フレンチ・ヒル、東タルピオート、ギロなどといった巨大な住宅用団地が建設されていった。また、入植地の間を結ぶ道路網・交通網も整備され、東西エルサレムは都市の機能としては一つの統合された都市に変容し始めた。加えて、大エルサレム市の行政区を取り囲むように、グーシュ・エツィヨーンやマアレ・アドミームのように車で通勤可能な距離に位置する、巨大な郊外住宅型入植地も次々と建設されていった。

ユダヤ人入植者のテロ

このようなユダヤ人入植地の急激な拡大状況を背景にして、一九八〇年五月、グーシュ・エムニームの地下組織の一部過激分子が、バッサーム・シャカァ・ナーブルス市長やカリーム・ハラフ・ラーマッラー市長などのパレスチナ人政治指導者への一連の暗殺未遂事件を引き起こした。このユダヤ人テロでシャカァ市長は両足を、ハラフ市長は片足を失った。また、アル・ハラム・アッ・シャリーフ（アル・アクサー・モスクや岩のドームがあるイスラームの聖地）の爆破計画が未然に発覚したりした。選挙前であった一九八四年四月のユダヤ人地下武装組織二五名の逮捕劇は、イスラエル社会を震撼させた。ユダヤ人入植者たちがパレスチナ人のテロにはテロで対抗するという考え方をもち、実際にテロを実行したという点がイスラエル社会に激しい衝撃を与えたのである。

この地下組織のメンバーのほとんどがグーシュ・エムニーム出身だった。このような宗教的な大イスラエル主義者たちは、神の命令の下に聖書に記された「イスラエルの地」を自らの手中に収めるためには手段を選ばず、パレスチナ人へのテロ行為をも辞さなかった点に大きな特徴があった。

東エルサレム併合と「ユダヤ化」

イスラエルが第三次中東戦争後、東エルサレムをイスラエル領に一方的に併合した際、東エルサレムに居住しているパレスチナ人に対して居住権を認めた。さらに彼らにはヨルダンなど他国の国籍を離脱することを条件に、イスラエル国籍／市民権を申請できることを内務省は認めた。しかし、実際には東エルサレムのパレスチナ人のほとんどはイスラエル市民権の取得を拒否した。

イスラエル政府はその後、東エルサレムのパレスチナ人に「生活の中心」がエルサレムであることを証明できないかぎり、居住権を剝奪するとの決定を行なった。また、東エルサレムの公有地に建設されたパレスチナ人の住居を非合法として取り壊してしまうこともしばしばであった。このようなイスラエルの政策は東エルサレムの「ユダヤ化政策」と呼ばれるもので、ユダヤ人人口を極大化する一方で、パレスチナ人人口を極小化する人口政策とあいまって強化されていった。

東エルサレムやゴラン高原の併合に先立つ事例として、国連パレスチナ分割決議でアラブ国家に指定された地域(アラブ人の人口数がユダヤ人の人口数を上回っていた地域)を、イスラエル建国後、イスラエル政府が自国領に編入していった事態がある。その具体的な地域として、北部の西ガリラヤ地方と南部のネゲヴ沙漠地帯があった。イスラエルは西ガリラヤとネゲヴに居住しているアラブ住民に対してイスラエル国籍を付与しながら、同時にアラブ住民を軍政下に置いた。軍政下に置かれたアラブ住民は、指定地域以外に外出する場合には軍政官の許可を得なければならなかった。このアラブ住民に対する治安管理のための軍政は一九六六年まで続いた。

他方で、イスラエル政府は、分割決議ではアラブ国家に指定された西ガリラヤ地方のユダヤ化を促進するために、ユダヤ人移民を入植させるための新たな都市を建設していった。

ダルウィーシュの抵抗

イスラエルによるユダヤ化を象徴するようなパレスチナ人の詩がある。二〇〇八年八月に六七歳で亡くなったパレスチナ人詩人マフムード・ダルウィーシュが、二三歳の時の一九六四年に刊行した詩集『オリーブの葉』の中に「身分証明書」という有名なアラビア語詩がある。

「登録すればいい！／ぼくはアラブだ／身分証明書は第五〇〇〇〇号／ぼくのこどもは八人／九人目は夏が終わると生まれる！／で、きみは腹をたてるのか？」

この詩は、イスラエル領内に居残った「アラブ」にイスラエル国籍を、有無を言わせず押し付けて、同時に西ガリラヤ地方などをイスラエルの「領土」として既成事実化するやり方に対する抵抗であった。イスラエルに住む「アラブ」の住民は、建国から一九六〇年代半ばまでイスラエル軍政下の制約の中で生きてきた。この「アラブ」の住民は、主にスンナ派ムスリムとキリスト教徒であり、ドルーズ教徒、ベドウィン、そしてチェルケス人とは区別された。このような人びとに当時イスラエル内務省が発行する身分証明書には、「アラブ」という民族籍が記された。ドルーズもベドウィンも同じアラブ人であるにもかかわらず、イスラエル政府の「民族」カテゴリーとしては別とされ、アラブ人は分断されてしまった。

このような状況の中で、ダルウィーシュはその抵抗詩で自分たちはアラブ人であることを高らかに宣言し、自らの置かれている分断された「アラブ」の立場をあえて引き受けた。ユダヤ人は移民数にものを言わせて、ユダヤ人が多数派であるイスラエル国家のユダヤ的な性格を維持しようとしている。ダルウィーシュは「少数派」と規定されている「アラブ」として、そのようなやり方をあざ笑うかのように、アラブ人としての自分の子供の数を誇る。夏が終わればまた新たな子供が生まれるので、ユダヤ人に「で、きみは腹をたてるのか？」と平然と言ってのけた。いずれは人口の面でイスラエル国内のアラブ人がユダヤ人の数を上回るという統計学的な推計もあるからである。

二つの共産党

詩人ダルウィーシュは一九四一年生まれで、イスラエルが建国された時にはすでにもの心がついていた。故郷であり同時に「亡命地」であったイスラエルを、ダルウィーシュは一九七〇年にモスクワに留学をするために去り、その後ＰＬＯ（パレスチナ解放機構）に加わったためにイスラエルに戻ることができなくなり、今度は名実ともども離散地での「亡命」を開始した。ダルウィーシュはイスラエルでは共産党に所属していた。

イスラエルのアラブ知識人のあいだでは、共産党に対する支持はかなり一般的であった。というのも、イスラエル共産党（略称マキ）はイスラエルの政党の中で唯一、ユダヤ人とアラブ人との共存を唱えた政党であったからである。共産党はハイファを拠点としてアラビア語日刊紙

『統一』を発刊している。また、日本で言えば文化勲章に相当するイスラエル賞を受賞して物議をかもし、『悲楽観屋サイードの失踪にまつわる奇妙な出来事』などの小説を書いたアラビア語作家エミール・ハビービー(一九二一～九六年)も党員で、共産党選出の国会議員も務めた。

しかし、イスラエル共産党(マキ)は、シオニズムとソ連の反イスラエル政策をどのように評価するかをめぐって激しい対立が生じた。多くのユダヤ人党員はマキ共産党に留まったが、反シオニズム・親ソ的立場のアラブ人党員の多くはマキ共産党を離れて、一九六五年に新たなラカハ共産党を設立した。この新党名のラカハは「新共産主義者リスト」のヘブライ語の略称である。もちろん、ラカハ共産党にはユダヤ人党員も含まれていたが、支持者の圧倒的多数はイスラエル国籍をもつアラブ市民であった。ソ連はラカハ共産党をイスラエルにおける正統な共産党とみなした。分裂後の一九六五年第六期国会選挙ではラカハ共産党は三議席を獲得したが、マキ共産党は一議席しか確保できず、その後マキ共産党の衰退は決定的になった。それと並行して、ラカハ共産党の「アラブ化」が進んでいった。他方で、ラカハ共産党は国会選挙にはハダシュ(平和と平等のための民主戦線)という選挙リストとして議員を送り出しており、旧ブラック・パンサー系政治家やアラブ諸政党と選挙協力を行なってきた。

第6章

和平への道

クリントン米大統領の仲介で和平合意に達したラビン首相とアラファト PLO 議長(APImages)

1　リクード政権の成立

政権交代という「大転換」

イスラエル労働党は、一九七七年五月一七日に行なわれた第九期国会選挙で自滅するかのように敗北を喫した。一九七三年のヨーム・キップール戦争での緒戦敗北への世論の批判、そして社会主義シオニズムの第一世代から、委任統治領パレスチナで生まれた新世代の指導者への交代などの諸要因が重なったためであった。労働党が一九七三年に実施された前回の第八期国会選挙に比べて、一二〇議席中、一九議席を失って三二議席にまで激減したのに対して、リクード党は四議席増やして、四三議席を獲得した。その結果、リクード党は国会史上初めて第一党に躍進した。

党首メナヘム・ベギンを首班として、リクード党、宗教シオニスト政党の国家宗教党（マフダル）、超正統派ユダヤ教宗教政党のアグダト・イスラエル党（イスラエル連盟）、その分派ポアレイ・アグダト・イスラエル（イスラエル連盟労働者）とが連立して右派・宗教政党の連立内閣が成立した。リクード党への政権交代は、二九年間にわたる労働党の長期政権を覆した、建国後初めての政変であったために「大転換」と呼ばれた。

言うまでもないことだが、労働党の敗北は、独立後三〇年近くが経過したイスラエルの政治社会構造の変化を反映したものであった。その変化は、二つのエスニックなレベルでの労働党からの離反という投票行動で現れた。

ミズラヒームの離反

まず第一に、それまで労働党に投じていたミズラヒームの票が大量にリクード党へと流れたことである。ミズラヒームはその大部分が建国後に移民してきたため、労働者の生活を支える中心的な役割を果たした協同組合・労働組合の連合であるヒスタドルート（労働総同盟）から恩恵をこうむりつつも、巨大になった組合組織の中で官僚化した指導部とそれを牛耳っていた労働党からは疎外されていると感じていた。実際、ミズラヒームには低所得者層が圧倒的に多かった。右派シオニスト政党の中核の座を占めたヘルート（自由）党が社会政策の充実を唱え、一九六五年、ヒスタドルートに加盟したことによって、ミズラヒームは、労働党の覇権の前に閉ざされていた政治参加がヘルート党を通して実現できるのではないか考えた。それが一九七〇年代以降の国会選挙におけるガハール党、そしてその後身のリクード党の議席増にも反映されたのである。

都市新中間層の離反

第二に、イスラエルは一九五〇年代の西ドイツからの巨額の戦後補償などに支えられて経済成長を実現し、都市には欧米系の新中間層が生まれた。彼らは、キブーツに依拠する少数の党や軍の官僚的エリートたちを優遇する労働党の偏向した社会民主主義的な政策に不満をもち始めていた。しかも労働党は与党として長年権力の座にあって硬直化し、身内を依怙贔屓するコネ政治の蔓延による政治腐敗をも生み出していた。これに対して新たに出現した都市新中間層は、労働党よりも新しい選挙リスト「変革への民主運動(略称ダッシュ党)」に投票したために、労働党からダッシュ党に大量の票が流れて、それが結果的にリクード党に有利に働いた。

ダッシュ党はメイール・アミット元軍諜報長官、イガール・ヤディン元参謀総長(マサダ遺跡を発掘した考古学者としても著名)らによって一九七六年に結成され、労働党の党利党略に基づく政治を批判して政治変革を求めた単一争点政党である。第九期国会選挙では一五議席を獲得してリクード党、労働党に次ぐ議会第三党に躍進したのである。

リクード政権の大イスラエル主義

シオニズム右派のリクード政権は、イスラエル占領地への強硬なユダヤ人入植政策を積極的に推し進めた。リクード政権は、労働党の入植政策を無視して拡大したグーシュ・エムニーム(信徒の陣営)の入植を追認して、占領地におけるユダヤ人入植地建設を組織的に推進していった。リクード党と大連合した大イスラエル運動なども占領地政策で共通の接点を見出した。この大イスラエル運動は、労働シオニズムにおけるキブーツ運動の流れを汲み、占領地を含むエレツ・イスラエル全域にキブーツを広げていって、そこに「ユダヤ人労働者国家」を建設するという世俗的な大イスラエル主義を掲げた。

ベギン首相は外交政策において、六日間戦争の英雄モシェ・ダヤンを外相に任命した。かつての宿敵ベングリオンのタカ派的姿勢を受け継いだダヤン将軍を閣僚として迎えることで、政権としての継承性と正統性を誇示したのであった。ダヤン外相は軍事的な安全保障の観点からエレツ・イスラエルの領域の確保は必要だと主張した。他方、ベギン首相は修正主義シオニストとしての右派の政治的立場に由来する大イスラエル主義者であった。そのため、二人は強硬な占領地政策の実施という点で一致したのであった。また、初代大統領ハイム・ヴァイツマンの甥として、また空軍司令官としても著名で、国民にも人気のあったエゼル・ヴァイツマン（一九二四～二〇〇五年）が国防相として入閣し、エジプトとの和平交渉で重要な役割を果たした。

エジプトとの和平

一九七七年一一月、アンワル・サーダート・エジプト大統領が突然エルサレムを訪れて、イスラエル国会において歴史的な演説を行なった。サーダート大統領の訪問はアラブ・イスラエル間の心理的隔壁を打ち破る糸口となった。サーダートはエジプト・イスラエル間の単独和平ではなく、アラブ・イスラエル紛争の包括的解決への第一歩として訪問を位置づけた。その後、両国間の和平交渉はジミー・カーター米大統領の調停のもとで行なわれ、一九七八年九月、一二日間にわたるキャンプ・デーヴィッドでの交渉の末、九月一七日、キャンプ・デーヴィッド合意の調印にこぎつけた。

キャンプ・デーヴィッド合意は二つの柱から成り立っていた。一つは中東和平に関する合意で、国連安保理決議二四二号(一九六七年)、三三八号(一九七三年)に基づく公正、包括的、かつ永続的な和平のため、交渉を行なうというものであった。五年間の過渡的な期間中、ヨルダン川西岸とガザ地帯でパレスチナ人による暫定的自治を行なうこととし、その詳細についてはヨルダンをも加えて交渉すると両国は合意した。さらに、ヨルダンは将来、西岸・ガザの代表とともに、イスラエル・ヨルダン平和条約締結のため交渉するというものであった。

もう一つはイスラエル・エジプト平和条約に関する合意で、「領土と和平の交換」の原則に基づいて、シナイ半島からのイスラエル軍の撤退を条件に両国間に外交関係を樹立することを骨子とするものであった。第一の中東和平に関する合意の交渉はすぐに暗礁に乗り上げた。しかしイスラエル・エジプト平和条約は一九七九年三月二六日、調印され、両国の議会で批准されたうえで、一カ月後の四月二五日、発効した。

平和条約にしたがって、イスラエル軍は一九七九年一二月までにシナイ半島の西半分から撤退し、一九八二年四月、シナイ半島全域から撤退した。一九八〇年一月には両国の関係は正常化し、翌月には特命全権大使が交換された。しかし、サーダート大統領は一九八一年一〇月、一〇月戦争記念パレードの閲兵式の際、和平に反対するイスラーム急進派運動のジハード団に属するエジプト軍兵士たちに銃撃されて死亡した。

分極化する政党政治

一九八一年六月三〇日に実施された第一〇期国会選挙では、労働党は四七議席にまで回復したものの、リクード党はわずかに上回って四八議席を獲得した。この総選挙直前の六月七日、イスラエル空軍機はイラクのオシラク原子炉施設を爆撃して破壊した。イスラエルはこの爆撃で国際的に非難されたが、国内政治的にはリクード政権は選挙民の支持を受けたかたちになった。

この国会選挙では、新たに単一の争点で選挙戦を戦うエスニック政党タミ（「イスラエル遺産運動」の略称）党が出現し、さらに極右政党も議席を獲得するという多党分立の政治的な傾向を示した。イスラエル社会はエスニック問題と占領地問題をめぐって左右の両翼の分極化がさらに進んだ。エスニック政党ではタミ党が主にモロッコ系ユダヤ人の票を集め、三議席を獲得した。また、極右政党では、エジプトとの和平条約に反対したリクード議員がグーシュ・エムニームなどのメンバーと合同して結成したテヒヤ（復活）党が三議席を獲得した。テヒヤ党の女性党首ゲウラ・コーヘンは、イルグン軍とレヒ軍に参加してイギリス軍と戦った経験をもつ、根っからの戦闘的な修正主義シオニストであった。また左派ではラカハ共産党を中心とするハダシュ（平和と平等のための民主戦線）が四議席を獲得した。このような多党化する議会の勢力図は、分極化するイスラエル社会の変化を反映するものであった。

イスラエル軍はイスラエル・エジプト平和条約の締結後、シナイ半島から撤退したが、安全保障の観点から焦点になってきたのがレバノンとの北部境界線であった。というのも、パレスチナ解放勢力はレバノン南部のシーア派ムスリムと協力して、イスラエル北部の都市やキブーツ、モシャーヴなどにカチューシャ・ロケット弾で断続的に攻撃を加えたからであった。

レバノン侵攻

このような攻撃に対してイスラエル国防軍は、イスラエル北部国境からレバノン領内四〇キロメートルの地域からのパレスチナ人の「テロ組織」による砲撃を排除することを目的として、一九八二年六月六日、国防軍をレバノン領内に進めた。このパレスチナ人ゲリラ掃討作戦は「ガリラヤの平和」作戦と呼ばれた。この作戦の立案者は、のちに首相になるアリエル・シャロン国防相(一九二八年〜)であった。しかし、「ガリラヤの平和」作戦は当初の限定的な軍事目的を逸脱し、イスラエル国防軍は六月一四日には西ベイルートを包囲して、八月二五日にはアラファト議長を指導者とするPLOの政治・軍事勢力を西ベイルートから退去させることに成功した。

難民キャンプでの虐殺

イスラエル軍は当初から、PLOやレバノン左派勢力と敵対関係にあったキリスト教マロン派ファランジストと政治的・軍事的に緊密な協力関係にあった。九月一四日、バシール・ジュマイエルがレバノン大統領に選出された直後、何者かに暗殺されたために、イスラエル国防軍は治安維持を名目にキリスト教マロン派ファランジスト民兵とともに、レバノン左派勢力が拠点を置くムスリム地区である西ベイルートに入るように命令が下された。

九月一七日、イスラエル国防軍に包囲された状態で、ファランジスト民兵は、PLOが去ったために無防備になった西ベイルートのサブラー・シャーティーラー・パレスチナ人難民キャンプに入り、四六〇人以上のパレスチナ人難民を虐殺した。

反戦デモの高まり

このような虐殺を伴うレバノン戦争が開始されてから、イスラエル国内の各地で戦争に反対するデモが起きた。イスラエル社会では、国防軍の行なう戦争は防衛的な性格をもつものだとして、世論の圧倒的な支持を受けてきた歴史があったが、レバノン戦争に関しては初めて戦争の賛否をめぐって国論が二つに分裂した。さらに、サブラー・シャーティーラー難民キャンプ虐殺事件が伝わると、四〇万人以上のイスラエル市民が参加したデモが九月二五日、テル・アヴィヴで組織された。このような大規模なデモは、イスラエル史上、初めての空前の出来事であり、衝突で死者までも出した。

ベギン内閣は世論の強力な圧力により、虐殺事件へのイスラエル国防軍の関与を調査する、元最高裁長官が委員長のカハン調査委員会を設立せざるをえなかった。カハン委員会は一九八三年二月、虐殺事件の調査結果を公表した。その結果、シャロンは、虐殺のような流血の危険性を無視し適切な防止策を講じなかった責任があるとして、国防相を辞任せざるをえなかったが、無任所大臣として閣内には留まった。

戦争反対のデモを組織するうえで中心的な役割を果たしたのが、ピース・ナウ(シャローム・アフシャーヴ、平和を今)運動であった。このグループは一九七八年から超党派の市民運動として平和活動を始めた。その考え方は、リクード党などの右派の修正主義シオニズムやグーシュ・エムニームなどの宗教シオニズム運動には強く反対すると同時に、労働シオニズムとも異なる、新たなシオニズムを追求するというものであった。そのため、ピース・ナウ運動は、さらに左派寄りのハト派平和運動グループとは占領地問題やPLOとの話合いという点で意見が対立し、和平への姿勢の限界を露呈して運動自体の組織化を十分果たせなかった。

シャミールとペレスの交替内閣

一九八三年九月、ベギン首相はレバノン戦争の責任をとるかたちで、政界からの引退を突然表明し、首相を辞任した。ベギン首相と同じ修正主義シオニストとして建国前、反英地下軍事組織レヒ軍の指導者であったイツハク・シャミール(一九一五年〜)が新首相に就いた。シャミール首相は何よりもまず、一九七三年のオイルショック以来、混乱を極めるイスラエル経済の建て直しに着手しなければならなかった。一九八四年の会計年度のインフレ率は四四五%を記録し、ハイパーインフレで国内経済は破綻の状態にあったからである。

シャミール政権にとっての最初の政治的な関門は、一九八四年七月二三日に行なわれた第一一期国会選挙であった。選挙の争点はレバノン戦争の戦後処理であり、また、インフレ、失業などの複合不況にある経済問題であった。しかし、リクード党はその失政が尾を引いて、七議席減らして四一議席にまで激減した。労働党連合(マアラハ)は三議席減少したものの、四四議席を獲得して第一党に返り咲いた。しかし、労働党連合は連立内閣のための組閣工作に失敗した。その結果、労働党連合とリクード党は、両党の閣僚数が同数である挙国一致の連立内閣を作り、首相には二年交代で両党の党首が就任するという合意に達した。この合意にしたがって、まず、労働党連合のシモン・ペレスが首相に、シャミールが外相に就任した。そして、二年後にはシャミールが首相に、ペレスが外相に就き、第一一期国会は四年後、解散もなく満期を迎えたのであった。

ハイパーインフレ対策

シャミールとペレスの交替内閣において特筆すべきことは、イスラエルの経済政策の大転換が図られたことである。一九八五年に開始された経済安定計画が実施され、効を奏した。すなわち、ハイパーインフレ対策として緊縮財政を取り、さらに一九八六年一月一日からイスラエル通貨シェケルを一〇〇〇分の一に切り下げて、一〇〇〇シェケルを一新シェケルとするデノミ政策を断行した。そのため、イスラエル経済は一九七三年のヨーム・キップール戦争以来続いていた経済的停滞を脱出した。

さらに、一九八七年以降は経済的自由化政策の採用に伴い、ヒスタドルートやユダヤ機関傘下の基幹産業を担う国営企業や公営企業の民営化が次々と進められていって、脱社会主義的な方向性が明確になっていった。と同時に、一九九〇年代まで続くイスラエル経済の驚異的な成長に伴って、社会主義経済政策の労働党と反社会主義経済のリクード党の二大政党の間の差がほとんどなくなった。安全保障政策に関しても一九九〇年代に入ってからは、和平と治安のいずれに力点を置くかが争点になり、両党の差はほとんどなくなっていった。

2 一九八〇年代の政治変動

国会の多党化

イスラエルはレバノン戦争後の一九八〇年代を通じて、国会における多党分立の傾向がいよいよ増してきた。一九八四年の第一一期国会選挙では、労働党とリクード党を除いて他の政党はすべて五議席以下で、一三の政党が選挙リストとして議会内に会派を形成した。

この多党化傾向は、選挙制度としては比例代表制において議席を獲得できる最低得票率が一%に設定されていることに原因があった。当然のことながら、この最低得票率を上げようとする動きが出てきたが、実際に一・五%にまで引き上げられたのは一九九二年の第一三期国会選挙においてであった。同時に、二大政党制を目指す首相公選制導入の議論も起こり、一九九六年の第一四期国会選挙から導入されたが、二〇〇三年の第一六期国会選挙の際、シャロンが首相公選においてバラクを破ったのを最後に、首相公選制は三回の試みのみで廃止された。

一九八〇年代以降の多党分立と多極化の傾向は、いくつかの潮流にまとめることができる。中道左派シオニストの労働党と中道右派シオニストのリクード党を中心として、四つの潮流に分類することができよう。

政党の諸潮流

まず第一は宗教勢力である。その代表格が、アシュケナジー系の超正統派ユダヤ教の非シオニスト宗教政党アグダト・イスラエル党である。この宗教政党からミズラヒームの超正統派グループが分離・独立し、シャス党(スファラディー律法護持党)を結成した。宗教シオニスト政党の国家宗教党(マフダル)もこの宗教勢力の流れに属する。

第二は右派・極右勢力である。リクード党から分離したテヒヤ党、ツォーメト党、モラシャー党などがこの勢力であるが、とりわけ注目に値するのは、アラブ人追放を訴える人種主義的綱領をもつ極右政党のカハ党が一九八四年の選挙で初めて国会で一議席を得たことである。

第三が左派シオニスト・市民運動の勢力でラッツ党、シヌイ党、統一労働者党(マパム)等などである。

さらに第四がアラブ系勢力で、ハダシュ党、アラブ民主党などである。

一九八〇年代の二つの新潮流

以上のような諸政党の潮流を考えた場合、脱社会主義化から自由主義化の道を歩み始めて新たな時代に入った一九八〇年代のイスラエルにおいて、それ以前には存在せず、新たに生まれて現在にまで影響力をもっている二つの潮流がある。それはシャス党とカハ党である。

シャス党は超正統派ユダヤ教徒のミズラヒームが結集した政党で、ユダヤ教国家を目指す超正統派ユダヤ教とエスニック・リバイバルの潮流が結びついたものであった。また、カハ党はユダヤ国家からアラブ人追放を訴えた露骨なユダヤ至上主義の人種主義を前面に出した政党である。この思想はユダヤ人が多数派を占める国家を維持しようとすれば必然的に顕在化する考え方で、イスラエル社会の底流に流れ続けている。二〇〇九年二月に実施された第一八期国会選挙で、労働党を追い抜いて議会第三党に躍り出た極右政党「我が家イスラエル」はロシア系移民政党ではあるが、カハ党のアラブ追放の考え方を踏襲している政党である。

ここでは、シャス党とカハ党を一九八〇年代に新たに生まれて現在にまで続く潮流として詳しく見てゆきたい。

シャス党の二人の指導者

シャス党は前述のとおり、一九八四年の第一一期国会選挙前にアグダト党から分離・独立して結成された。シャス党結成の際の精神的指導者はイラク出身のラビ・オヴァディア・ヨセフ(一九二〇年～)である。ラビ・ヨセフは七三年から約一〇年にわたってスファラディー系首席ラビおよび最高ラビ法廷長官を務めて、スファラディー系宗教行政のトップとなった。ラビ・ヨセフは一九六〇年代末以降、ミズラヒームの教育に力を注いで、ユダヤ教高等教育の場であるイェシヴァー神学校の設立に尽力した。

また、政治の現場の指導者として活躍していたのが、アリエ・デリ（一九五九年〜）であった。デリは典型的なミズラヒームであった。一九五九年にモロッコで生まれ、六八年に家族とともにイスラエルに移民してきた。デリ家はテル・アヴィヴの南に隣接する「開発都市」バト・ヤムに定住した。「開発都市」とは、新移民のミズラヒームを住まわせるために建設された都市であった。しかし、バト・ヤムは経済的に貧困なアラブ人の町ヤーファー（ヘブライ語ではヤッフォで、行政的にはテル・アヴィヴ＝ヤッフォ市に属している）と接して民族間のいさかいが絶えないうえに、社会的・経済的に上昇の見込みのないミズラヒームの若者たちが憤懣やるかたない気持ちで暮らしていた。そのために、不満がいつ爆発してもおかしくない町だった。

デリの両親はそのような劣悪な環境で息子が非行に走るのを恐れて、アシュケナジー系ラビではあるがミズラヒームに影響力のあった長老ラビ・シャハの主宰するイェシヴァーに入れて、ユダヤ教高等教育を受けさせた。その後、デリはヘブロンでラビ・オヴァディア・ヨセフの息子のダヴィドと親しくなり、ヨセフ家と家族同然の付き合いを始めた。

デリの政界進出とシャス党の躍進

一九八四年、シャス党が結成直後に地方議会で三議席を獲得したとき、デリはダヴィドに通じてラビ・ヨセフに、国政でもやっていけるともちかけた。そのときにはラビ・シャハとラビ・ヨセフの思惑とも一致して、一九八四年の第一一期国会選挙にシャス党は選挙リストとして登録し、四議席を獲得して、老舗の宗教政党アグダト党や国家宗教党と肩を並べた。それ以来、シャス党の国会における議席数の伸張ぶりは驚異的であった。シャス党は、一九九九年の第一五期国会選挙での議席数が一七議席まで伸びて、議会第三党になったのである。

躍進を支えたネットワーク

シャス党の国会での躍進は、貧困なミズラヒームに対する教育・社会福祉のサービス提供の賜物《たまもの》だった。シャス党は、その傘下に教育施設の全国ネットワーク「エル・ハ・マアヤーン(源泉へ)」を設立した。その運営は主に政府からの補助金で行なわれていた。この教育網の目的は、敬虔なミズラヒームが培ってきたユダヤ教の伝統と価値をいっそう広め、宗教サービスを充実し、信仰生活の質を向上させ、礼拝などに必要な物を提供することであった。誇張もあろうが、三万~四万カ所もの幼稚園や小学校を経営しているともいわれるほどである。シャス党の経営する学校は学費も非常に安く、授業時間も公立学校より長く、学校での給食、スクールバス通学、特別のユダヤ教教育などが充実している。

また宗教サービスの面でもバール・ミツヴァ(ユダヤ教の成人式)、成人学習、女性への支援、青年団活動、新移民プログラム、イェシヴァー神学生への奨学金給付制度などを提供している。さらに、シャス党の社会福祉団体の指導者たちは、十分でない政府のソーシャルワーカーの代替としての役割を果たし、家族内の問題の調停、ミズラヒームの失業者の就職援助まで行なっている。

シャス党の政策

シャス党の選挙公約として、超正統派ユダヤ教政党としてユダヤ宗教法をイスラエル社会に施行するように主張している。シャス党は政教分離には反対する立場から、具体的な政策を掲げている。つまり、超正統派ユダヤ教に基づく学校制度の維持、聖地エルサレムの分割反対、イェシヴァー神学生の国防軍での兵役義務免除、シャバト(安息日)時の交通機関の完全な運行停止、妊娠中絶の禁止、世俗的教育機関への超正統派ユダヤ教的な運用方法の導入、帰還法の改訂などを要求している。

しかし、中東和平問題に関しては、概して柔軟な姿勢を維持しており、ユダヤ教徒の生命が救われるのであれば占領地は放棄すべきだというラビ・ヨセフの主張を選挙公約にした。占領地の放棄の理由として、メシアが到来するとき、イスラエルの地は自動的にその正当な所持者であるユダヤ教徒のもとに帰すると信じているからである。このような宗教的確信に基づいて、オスロ合意における「領土と和平の交換」の原則にも賛成の立場をとってきた。

飛ぶ鳥を落とす勢いのシャス党にとって正念場は、党首アリエ・デリが一九九九年、汚職事件で起訴されたことであった。それも禁固三年の実刑判決を受けて、シャス党首と議員を辞任して、収監された。もちろん、この汚職問題はたんに公金横領事件あるいは収賄事件というよりも、シャス党の社会福祉のためのネットワークの機能と密接にかかわっている。

デリの実刑判決

シャス党は、正統派ユダヤ教徒以外のミズラヒームの票をもリクード党から奪った。シャス党を支持するのは、ミズラヒーム人口の中で最大数を誇るモロッコ系ユダヤ人であった。さらにモロッコ系ユダヤ人は、地方自治体の厳しい財政状況の中で生活し、恒常的に高い失業率と就職難に直面してきた。そのために、彼らはテル・アヴィヴなどの大都市に移住して、その都市周辺にスラム街を形成した。シャス党を支持したのは、十分な教育を受ける機会も少ない貧困層のミズラヒームであり、政府がやってくれない社会福祉・教育のサービスをシャス党が政府に代わって提供してくれたからにほかならない。

カハ党

シャス党と同じように宗教政党であるが、同時にアラブ人に対して人種主義的な考え方をとっているのが、ラビ・メイール・カハネ(一九三二〜九〇年)の率いるカハ党であった。ニューヨーク出身のカハネは、一九七一年にイスラエルに移民してきた。カハネはニューヨークではユダヤ防衛同盟という政治グループを率いていたが、第四次中東戦争後、名称を変更して「カハ党」とした。

「カハ」とはヘブライ語の「カハをクネセト（国会）へ」の略称であるが、単語そのものは「かくの如し」の意味である。その名称は、カハネの尊敬するベギンが指導者だった建国前の修正主義シオニスト地下武装組織イルグン軍が武力行動するときのスローガン「ラク・カハ（ただそれだけだ！）」から取ったものだった。「握り拳」がカハの力の象徴であり、「ダビデの星」の色を表す黄色のＴシャツに黒い握り拳がプリントされていた。

入植地のカハネ

カハネは、党の宣伝効果を狙ってイスラエル占領地ヘブロンに隣接するユダヤ人入植地キルヤト・アルバアに拠点を移して、反アラブ煽動を行なった。ヘブロンにはムスリムが「イブラーヒーム」の聖域と呼び、ユダヤ教徒が「マクペラの洞窟」と呼ぶ聖地がある。この聖地はユダヤ教徒にとってアブラハム、イサク、ヤコブといった「イスラエルの族長」の墓所である。他方、ムスリムはアブラハム（アラビア語ではイブラーヒーム、その尊称である「アル・ハリール」はヘブロンのアラビア語名になっている）をハニーフ（最初の純粋な一神教徒）として尊敬しており、イスラームをアブラハムの宗教の復興と位置づけている。したがって、カハネがヘブロンに移ってアラブ排斥を唱えることは当然、ムスリムとの間に無用な軋轢《あつれき》を引き起こす結果となった。実際、カハネが去った後もキルヤト・アルバアに住み続け、カハネの最も忠実な個人弟子であったゴールドシュタイン医師が二〇年後にこの聖地でムスリム礼拝者に向けて銃を乱射する事件を起こした。

カハネの主張の過激化

一九七七年五月の国会選挙後、カハネの尊敬していたメナヘム・ベギン・リクード党首が首相に就任した。カハネは驚喜したが、それも長くは続かなかった。ベギン首相が一九七八年九月一七日、カーター米大統領の仲介でサーダート・エジプト大統領と突然握手してキャンプ・デーヴィッド合意を締結し、一九七九年三月にはイスラエル・エジプト平和条約を締結したからであった。結局はベギンもイスラエルの腐敗した政治システムの一端を担っているにすぎない、とカハネはベギン批判を展開し、キャンプ・デーヴィッド合意およびイスラエル・エジプト平和条約、そしてシナイ半島からのイスラエルの撤退に徹頭徹尾反対し続けた。

カハネはその怒りの矛先を、イスラエルが依拠する独立宣言そのものに内在する矛盾に向けた。ユダヤ国家というユダヤ民族に基づく特殊な理念と、民主国家という平等に基づく普遍的な理念とのあいだの相反する関係に目を向け、イスラエルをユダヤ宗教法が厳密に適用されるユダヤ教神政国家に変えていくという主張を明確な形で行ない始めた。

さらにカハネは一九七四年頃から、トリニトロトルエン(TNT)の爆弾物を彷彿させる、ヘブライ語の頭文字をとったスローガン、TNT「テロに対してはテロを(テロル・ネゲド・テロル)」唱えて、アラブ人のテロに対するユダヤ人の対テロ戦術を正当化するようになった。

一九八一年の第一〇期国会選挙でも最低得票率一％に五一二八票足りずに議席を獲得できなかった。しかしこの選挙前に初めての試みが行なわれた。選挙管理委員会メンバーの一部（委員長を含む）がその会議で、カハ党が反民主主義的かつ人種主義的な綱領を掲げていることを理由に、選挙リストとしての登録を受理しないように提案する動議を提出したのである。カハ党の綱領は、ナチスのニュールンベルク法におけるアーリア人をユダヤ人に、ユダヤ人をアラブ人に置き換えたにすぎないとカハ党反対者は主張した。しかし、選挙管理委員会の多数派はその動議に反対したために、カハ党の選挙リストとしての立候補届は受理された。

しかし、一市民が最高裁に対して選管の決定は不当だとして訴訟を起こした。最高裁は技術的な理由で訴えを受理しなかった。なぜなら、当時の選挙法では選管から登録を拒否された選挙リストのみが、最高裁に訴えることができたからであった。

カハ党の躍進

カハ党がグーシュ・エムニームとともにイスラエル国民の注視の的となったのは、入植地ヤミットの攻防戦であった。ヤミットはシナイ半島にあるユダヤ人入植地だったが、一九七九年三月のイスラエル・エジプト平和条約締結によってシナイ半島はエジプトに返還されたことで、そこも撤去されることになった。しかし、ヤミット入植地のカハ党メンバーは地下室に立て籠もり、撤去作業のサボタージュを行なったのみならず、撤去作業が続けられるならばマサダ攻防戦さながらに集団で自害し、抗議の意志を示すとイスラエル当局に脅しをかけた。

カハ党の政治的躍進はレバノン戦争後であった。レバノン戦争をめぐっては、リクード党を支持する右派系陣営とそれに反対する左派系陣営との対立が極まった。一九八三年二月一〇日、レバノン戦争反対運動を展開していた平和団体ピース・ナウのメンバーであるヘブライ大学大学院生エミール・グリーンツヴァイクが、シャロン国防相の辞任を求めるデモで死亡したことで、イスラエル国内の政治的対立は頂点に達した。グリーンツヴァイクは反対派が投げ込んだ手榴弾の爆発で死去し、イスラエル政治史上、最初の「平和の殉教者」と呼ばれた。騒然とした雰囲気のうちに九月一五日、ベギン首相は辞任を余儀なくされた。ベギン退陣はそれまでリクード党に投じていた和平反対の人びとをカハ党に向かわせた。一九八四年七月に行われた第一一期国会選挙では、二万五九〇七票(得票率約一・二%)を獲得し、カハネは念願の国会議員となったのである。

カハ党の封じ込め

しかし、選挙前の一九八四年四月、先述したように、パレスチナ人にテロを行ない、イスラームの聖地を爆破しようとしたグーシュ・エムニームの地下武装組織メンバー二五名が逮捕された。このニュースはイスラエル社会を震撼させた。グーシュ・エムニームはこの事件をめぐって内部分裂し、穏健派グループと急進派グループに分かれた。これ以降、グーシュ穏健派グループはアラブ排斥を唱えるカハ党との対決姿勢を明確にした。

その結果、皮肉なことに、グーシュはテヒヤ党などの極右とともに、右派諸政党の中でのカハ党の政治的影響力の封じ込めに成功した。さらに、第一一期国会選挙で成立したリクード党と労働党の挙国一致内閣が、国会内でカハ党の封じ込めに多大の貢献をすることになった。まず、カハネの最も得意とする煽動手段、つまりイスラエル国内のアラブ村落におしかけて反アラブ・キャンペーンを展開することを強制的に禁止する権限を、国会は警察に与えた。また、公立学校に「民主主義のための教育」を義務づけ、さらに軍隊教育においても同様のやり方が導入された。そして極めつけが与党による国会に関する基本法の改訂であり、その改訂によって人種主義的煽動あるいは反民主主義的綱領を持つ政党の国会立候補登録資格を剝奪するという法的措置をとることが可能となったのである。

カハ党の終焉

したがって、一九八八年一一月一日に行なわれた第一二期国会選挙では、カハ党は比例代表の選挙リストとしては立候補資格を剝奪されたために出馬できなかった。

だが、アラブ人によるテロが起こるたびにカハネの人気は上昇した。世論調査などによれば、前年の八七年一二月にイスラエル占領地でインティファーダ(パレスチナ人民衆蜂起)が始まったために、カハ党が選挙に出馬できたならば、同党は得票数を三倍に増やしていたという数字も出ている。

しかし、議会という政治的策略の公的な場を失ったカハ党は、急速にその影響力を失っていった。さらに、一九九〇年一一月五日、メイール・カハネは、ニューヨークで講演後に暗殺された。当初、エジプト人ムスリムによる犯行だとされたが、後日、釈放された。カハネ、五五歳の時であった。カハネの遺体はイスラエルに搬送され、エルサレムに埋葬された。

3　湾岸戦争からオスロ合意へ

インティファーダの勃発

イスラエル占領地の状況は一九八七年一二月に激変した。ガザで起こったイスラエル軍へのパレスチナ人の攻撃がきっかけとなって、瞬く間にガザに続いてヨルダン川西岸でも火の手が上がり、インティファーダと呼ばれるパレスチナ人による組織的な抵抗運動が始まったからであった。それまでの政治エリートを中心とするパレスチナ人の抵抗運動とは異なっていたのは、子供、女性までもが石礫を投げて占領地に展開するイスラエル軍に対峙したことであった。また、パレスチナ民族統一司令部と呼ばれる抵抗運動指導部も自然発生的な蜂起に対応するかたちで形成され、それまでの党派間の対立を克服して、ファタハ(パレスチナ解放運動)、ＰＦＬＰ(パレスチナ解放人民戦線)、ＤＦＬＰ(パレスチナ解放民主戦線)、そして新たに設立されたパレスチナ共産党も参加した。統一司令部には加わらなかったが、ムスリム同胞団の流れを汲むハマース(イスラーム抵抗運動)やイスラム・ジハードなどのイスラーム急進運動の指導部も協力体制を取った。

武力鎮圧方針

インティファーダ勃発当時、国防相だったイツハク・ラビンは、パレスチナ人のデモなどの騒擾行為を徹底的に武力鎮圧する方針を打ち出した。催涙ガス、ゴム弾、プラスチック弾が使用され、さらに最前線の兵士に身の危険が及ぶ場合には実弾も使用された。ラビン国防相はパレスチナ人デモ隊によって火炎瓶が投じられるなどして、銃で撃つか、警棒で殴打するかの選択に迫られた場合には、警棒で殴打するように命じた。銃撃するよりも殴打して骨折させた方がいいという判断であったといわれる。ところが、ラビン国防相は、パレスチナ人が投石できないように警棒で連中の腕の骨を打ち砕けと命じた、と世界のメディアに伝えられた。そして、実際にイスラエル兵がパレスチナ人の腕の骨を殴打して折る映像が流されて、イスラエルはその野蛮な対処の方法をめぐって国際的な非難にさらされることになった。

連立の混乱

インティファーダ開始から約一年後の一九八八年一一月一日、第一二期国会選挙が行なわれた。イスラエル政府によるインティファーダへの政治的な対応を問う選挙でもあった。結果はリクード党が四〇議席、労働党連合が三九議席で、リクード党が辛勝した。リクード党首シャミールによって組閣されることになったが、労働党連合との連立をめぐるリクード党内の内紛のため、ハイム・ヘルツォーグ大統領(一九一八〜九七年)が組閣工作に介入し、ようやくリクード党と労働党連合の挙国一致内閣が成立した。

しかし一九八九年三月には内閣不信任案が提出され、イスラエル国会史上初めて不信任案が可決された。大統領は労働党のペレスに組閣を委任したが、連立工作は失敗した。再びシャミールは、次のような右派・宗教勢力と連立内閣を組んだ。すなわち、極右政党のテヒヤ党、テヒヤ党から離党したラファエル・エイタンのツォーメト党、宗教シオニストの国家宗教党、超正統派ユダヤ教政党のミズラヒーム系のシャス党とアシュケナジー系の律法の旗党であった。

他方、占領地にパレスチナ人国家を設立することを支持し、宗教政党に反対して世俗主義を唱える三つの左派系・市民運動由来の政党も合わせて一〇議席を獲得した。その三党とは、一九七三年に女性運動・平和運動活動家のシュラミート・アローニーが結成したラッツ党(市民権と平和のための運動)、テル・アヴィヴ大学教授アムノン・ルーベンシュタインらが結成したシヌイ(変化)党、そして一九六五年以来、三三年振りに労働党連合から離れて独自の選挙リストとして出馬した社会主義シオニスト左派政党の統一労働者党(マパム)であった。このシオニスト左派・市民グループを代表する三政党は、イスラエル社会におけるハト派を代表する潮流のメレツ党はヤハド党と国会内で統一会派を形成している。

湾岸戦争

一九九〇年八月、イラクが突然クウェートに侵攻すると、イスラエル占領地のパレスチナ人のあいだではインティファーダの高揚もあいまって、サッダーム・フセイン・イラク大統領を支持する動きが活発になった。そのため、イラク評価をめぐって、パレスチナ独立国家樹立を支持してきたイスラエル左派グループ・平和運動活動家と占領地のパレスチナ人とのあいだの亀裂が深くなっていった。

さらに翌年一月、湾岸戦争が勃発すると、イスラエル当局は第一次中東戦争の休戦ラインであるグリーンライン内のイスラエル国内の治安維持のため占領地を封鎖した。湾岸戦争が勃発してからは、イラクからスカッド・ミサイルが打ち込まれた。イラクからのミサイル攻撃は、それまで陸上戦を前提としたイスラエル防衛の安全保障政策の再検討を根本から迫るものとなった。イスラエルはベギン政権時代の一九八一年、建設中のイラクの原子炉を攻撃して破壊した実績をもっていたが、湾岸戦争のときにはアメリカからの強い圧力で、パトリオット迎撃ミサイルの提供を見返りとして、スカッド・ミサイル攻撃に対するイラクへの報復を思い止まり、戦火が中東全体に拡大するのは免れた。しかし、イラクのスカッド・ミサイルには化学兵器が搭載される可能性があるということで、国民全員にガスマスクが配布されるという緊張した事態に至った。

マドリード中東和平会議

湾岸戦争後、米ソ冷戦の終焉もあって、中東和平への機運が急速に高まった。ジェームズ・ベーカー米国務長官のシャトル外交の結果、一九九一年一〇月、マドリードで中東和平会議が開催された。この会議でイスラエル代表であるシャミール首相は、エジプトを除いては初めてアラブ諸国の代表と同じテーブルについた。シャミールはアラブ諸国との和平交渉を頑なに拒んできたが、冷戦終焉後のアメリカの国際新秩序形成の下で中東和平達成を求める国際環境の変化に屈することになった。

占領地のパレスチナ人は、中東和平会議にヨルダン・パレスチナ合同代表団のメンバーとして参加したが、東エルサレムに居住するパレスチナ人はイスラエルの反対で合同代表団に加わることができなかった。マドリード会議後、イスラエルとアラブ諸国とのあいだの単独和平の達成を目指した個別交渉と、水資源問題や安全保障問題をめぐり協議する多国間交渉が同時並行して続けられたが、結局は失敗に帰した。その失敗の原因として、PLOがアメリカとイスラエルの反対でマドリード会議には参加を認められなかったことがあった。このために、西岸・ガザのパレスチナ代表団に、離散するパレスチナ人全体の運命を決めることができないという、和平交渉における代表権の問題が浮上することになったのである。

オスロ合意

一九九二年六月、第一三期国会選挙が行なわれ、ラビン率いる労働党は一五年振りに政権に返り咲いた。労働党は政権獲得前からノルウェーの首都オスロでPLOと秘密交渉を繰り返していた。ソ連崩壊後の国際環境の変化の中で、中東における共産主義に対する橋頭堡という役割を失ったイスラエルは、むしろPLOを公式に承認して、唯一の超大国となったアメリカの仲介の下にPLOを交渉相手として和平交渉をしていく方が有利であると判断した。

その結果、労働党は政権獲得した後の一九九三年九月一三日、ビル・クリントン米大統領の仲介でPLOと「パレスチナ暫定自治に関する原則宣言」（いわゆる「オスロ合意」）をワシントンにおいて締結した。ラビン首相とペレス外相がホワイトハウスでの調印式で合意文書に調印した。二人はホワイトハウスにおけるセレモニーでは険しく苦々しい表情でアラファトPLO議長と握手をしたものの、このオスロ合意の調印によってイスラエルとPLOは相互に交渉相手としてその存在を承認した。これにより、イスラエルとパレスチナ人の関係は新たな段階に入ったのである。

オスロ合意では、暫定的に五年間にわたってパレスチナ自治を行ない、自治開始二年後までにエルサレム、パレスチナ難民帰還、ユダヤ人入植地、国境確定などの最終的な地位交渉を行なうという和平交渉の道筋が示されたのであった。

和平の枠組み

オスロ合意は「二つの戦後」、つまり米ソ冷戦と湾岸戦争の「戦後」を受けて設定された和平の枠組みであった。和平の基本的な発想はあくまで、一九六七年六月の第三次中東戦争後の国連安保理決議二四二号に基づいて、イスラエル占領地問題をどのように解決するかに主眼が置かれていた。つまり、イスラエルが戦争で占領したアラブ領を、アラブ側がイスラエル国家を承認することを条件に返還するという、「領土と和平の交換」

の原則に基づくものであった。この原則がイスラエルとPLOの間にも適用されたのがオスロ合意であった。つまり、PLOがイスラエルを承認することで、イスラエルは占領しているヨルダン川西岸・ガザを自治領として返還していくというものであった。

しかし、オスロ合意に基づく和平枠組みは深刻な問題を抱え込んでいた。エルサレムの帰属、パレスチナ難民の帰還、ユダヤ人入植地、国境確定などの難問をすべて先送りしてしまったからである。合意によれば、まずパレスチナ暫定自治を開始して、段階的に自治政府の管轄の領域を広げていく予定だった。にもかかわらず、イスラエル軍が占領地から撤退する交渉のスケジュールはことごとく遅れた。とりわけ、イスラエル側は、パレスチナ人によるテロが行なわれ続け、PLOがそのテロ行為を抑止しない以上、PLOに対しては一切の妥協をしない、という方針で臨んだ。

ヘブロン事件

一九九四年二月二五日、ヨルダン川西岸のヘブロンにあるユダヤ教とイスラームの共通の聖地で事件が起こった。ニューヨーク・ブルックリン生まれのアメリカ系ユダヤ人医師で、カハネを崇拝するバルーフ・ゴールドシュタインが、ヘブロンにあるイブラーヒーム・モスクで礼拝を行なっていたパレスチナ人ムスリムに対して銃を乱射し、二九名を殺害、一五〇名以上が負傷するという事件であった。この事件に対する報復として、パレスチナ人によるユダヤ人に対する自爆攻撃が立て続けに起こった。

パレスチナ暫定自治の開始

ヘブロン事件にもかかわらず、和平プロセス自体は遅々としてではあるが、進んでいった。オスロ合意に基づくパレスチナ暫定自治は、一九九四年五月四日に締結されたガザ・エリコ先行自治協定（カイロ協定）によって新たな段階に入った。この協定によって、まずガザとエリコにおいてパレスチナ暫定自治が開始された。五月一一日にはパレスチナ警察の第一陣がパレスチナ入りし、さらに七月一日にはアラファトPLO議長がほぼ半世紀ぶりにパレスチナに帰還した。

エリコとガザの暫定自治に基づいて、さらに新たに自治区の領域を拡大する必要があった。そこで一九九五年九月二八日には、パレスチナ自治拡大協定（別称オスロⅡ、オスロ第二合意）が締結された。この協定にしたがって、ヨルダン川西岸主要六都市（ジェニーン、ナーブルス、トゥールカルム、カルキーリヤ、ラーマッラー、ベツレヘム）と四五〇町村に、自治区が拡大された。ただし、ユダヤ教とイスラームの共通の聖地があり、虐殺事件が起こったヘブロンに関してはその対象地域から外された。

オスロⅡは、パレスチナ自治を実質的に開始するもので、議会に相当するパレスチナ立法議会および大統領職である自治政府代表の選挙が、一九九六年一月二〇日に実施された。自治政府代表にはアラファト議長が、また議会ではアラファトの母体であるファタハが四分の三以上の議席を獲得した。

さらにオスロIIでは、安全保障に関する措置として、イスラエル軍がパレスチナ人自治区以外の占領地域とユダヤ人入植地の安全の確保の任務を担っているとして、ヨルダン川西岸を次の三地域に分類した。すなわち、まず、自治政府が治安および民政に関して責任を負うA地域、次に、自治政府が民政に関して責任を負うが、治安に関してはイスラエル軍が管轄するB地域、そして民政・治安ともイスラエル軍が責任を負うC地域に分類されたのである。パレスチナ自治区の拡大とは、ヨルダン川西岸の領域がB地域からA地域に移行していくプロセスであった。

しかし、自治区の領域はC地域によって分断されているばかりか、ユダヤ人入植地および入植地を結ぶ道路でずたずたにされており、自治区のあいだの連絡もイスラエル軍の検問所の設置によって容易ではなかった。

第7章

テロと和平のはざまで

(左より)ネタニヤーフ，シャロン，ペレス
(APImages)

1　オスロ合意の破綻

ラビン暗殺

一九九五年一一月四日、オスロ合意に調印したイツハク・ラビン首相が、和平に反対する熱狂的なユダヤ人青年イガール・アミールによって暗殺された。アミールは彼独自のユダヤ教解釈で理論武装して政治的確信犯として暗殺を実行したのであった。ラビン首相はイスラエル国防軍参謀総長から政治家に転身し、軍人としての経歴を背景にした現実主義的な政策とそれを実行する辣腕ぶりが国民の信頼を勝ち得て高く評価されていた。ラビン暗殺はイスラエル社会が和平をめぐり分裂していることを示した。

ラビン暗殺犯アミールは、一九七〇年にテル・アヴィヴの北にある都市ヘルツェリアで生まれた。父はイエメン系の敬虔な超正統派ユダヤ教徒で、テフリーン(ユダヤ教徒がお祈りするとき額と右腕につける黒い箱)やメズザー(入り口のドアに打ち付けてある小さな容器)の中に入れる羊皮紙に聖句を書写する職人であった。また母はヘルツェリアの自宅裏で幼稚園を経営しており、一〇人の家族を養う家計を支えていた。母は熱狂的なカハ党支持者だったといわれ、ヘブロン事件を引き起こしたゴールドシュタイン医師の墓に墓参するほどであった。アミールはアグダト・イスラエル党傘下の小学校で学び、中高等学校もテル・アヴィヴの超正統派ユダヤ教系のイェシヴァー（神学校）に通い、さらにテル・アヴィヴから南に約三〇キロのところにある港湾都市アシュドッド近くの町、ケレン・ヤヴネの権威あるヘスデル神学校に移った。

超正統派イェシヴァーの神学生は兵役の義務を免除されていたが、アミールは進んで入隊した。三年間の兵役の義務を終えるとバール・イラン大学に入学した。一九九三年九月に締結されたオスロ合意後のことであった。バール・イラン大学はイスラエルで唯一の正統派ユダヤ教系総合大学である。アミールは入学後、法学とコンピューターを学ぶはずだったが、実際にはユダヤ宗教法研究に没頭し始めた。同時に和平反対派の学生運動の指導者として、ヨルダン川西岸のユダヤ人入植地を守るための政治活動にのめり込んだ。銃の入手も考えたが、銃所持のライセンスを獲得するためには、イスラエル占領地に住んで自衛用に銃を使用することを証明しなければならなかったので、一時的にユダヤ人入植地に住所を移した。その時に購入した複式銃口のベレッタ拳銃でラビン暗殺を敢行した。アミールはユダヤ人入植地に住むグーシュ・エムニームの指導者にも接触したが、グーシュの優柔不断さに批判的になり、有害な政府は暴力をもって転覆しなければならないとの確信を深めていった。

ユダヤ教の異端的解釈

アミールは、「領土と和平の交換」の原則に基づいて中東和平を推進していたラビン首相を、神から与えられたユダヤ教徒の財産であるイスラエルの土地を非ユダヤ教徒に売り渡した罪人だと断じた。さらに、この罪はユダヤ宗教法では死刑に相当するとして、暗殺を実行したのであった。しかも、このようなユダヤ教の異端的解釈に、ヨルダン川西岸のユダヤ人入植地に住む数名のラビがお墨付きを与えたことに、イスラエル国民は強い衝撃を受けた。同胞のユダヤ人が同じユダヤ人に「背信行為」のレッテルを貼って断罪したからである。ラビン暗殺が単独犯によって実行され、たんに偶発的な事件であったならば、イスラエル社会にさほど強い衝撃を与えることもなかった。ユダヤ教の名の下にテロの刃がユダヤ人の世俗的権力者に向けられ、その暗殺が正当化されただけに衝撃的であった。

もちろん、首席ラビ庁は事件直後のラビン暗殺に関する声明において、イスラエル宗教界の公式的な見解として、ユダヤ宗教法解釈の唯一の権威は自らに属すると明言した。他方、六日間戦争以降、宗教シオニストの流れを汲むグーシュ・エムニーム系のラビたちが、イスラエル国家をユダヤ教の名の下に再解釈し、世俗的権力者＝背教者に対する暗殺に向かう宗教的土壌を育んだ。さらに急進的なラビたちの存在がこの事件を機に顕在化したのである。まさに、このような存在は氷山の一角であった。

ネタニヤーフ政権の誕生

アミールは二十歳代中盤の時期に、和平プロセスを同時代の出来事として目撃した。そして彼は和平の推進者であるラビン首相を背教者として暗殺して、和平プロセスのコースを変更しようとし、実際それに成功したともいえる。というのも、一九九六年三月にはパレスチナ側のハマース(イスラーム抵抗運動)などによる自爆攻撃事件が頻発し、九六年五月、イスラエルでは初めて首相を国民が直接投票で選ぶ首相公選と国会選挙が同時に行なわれた。その結果、リクード党のベンヤミン・ネタニヤーフがイスラエル国民の安全への不安を掻き立てる手法で選挙に臨んで、労働党のペレス候補を破って首相に当選したのである。

ネタニヤーフとは誰か

ネタニヤーフは一九四九年、テル・アヴィヴで生まれ、イスラエル国家で生まれた最初の首相となった。父ベンツィヨーンはアメリカのコーネル大学の著名な中世スペイン・ユダヤ史教授で、修正主義シオニズム指導者ジャボティンスキーの側近の一人だった。ネタニヤーフは父親の仕事のためにアメリカで教育を受けたが、イスラエル国防軍での三年間の兵役の義務は果たした。その後、マサチューセッツ工科大学を卒業し、家具会社の勤務を経て、一九八二年にモシェ・アレンス駐米大使の引きで駐ワシントン・イスラエル大使館に勤務した。八四年には国連大使に大抜擢され、八八年に国会(クネセト)議員になって右派政治家として華々しく活躍することになる。彼の兄ヨナタンは、一九七六年のウガンダのエンテベ空港事件において、パレスチナ人ゲリラによるハイジャック機のイスラエル人乗客の救出作戦を敢行した際に、国防軍側の唯一の殉職者となった。

ワイ・リバー覚書

ネタニヤーフはもともと和平に消極的だったために、オスロ合意で設定された和平プロセスのタイムスケジュールは大幅に遅れることになった。ネタニヤーフが首相在任中の四年間は和平停滞の時期であった。しかし、九八年一〇月、クリントン米大統領の仲介でヨルダン川西岸からのイスラエル軍の追加撤退協定(ワイ・リバー覚書)が締結された。閣議では右派閣僚からの強い反対があったが、イスラエル国会でも批准された。

しかし、翌年度予算案審議が難航したために、政権運営が立ち行かなくなり、ネタニヤーフ首相は前倒しで総選挙と首相公選を実施する宣言を行なわざるをえなくなった。和平交渉は九九年五月の選挙までの間、事実上、中断した。

イスラエル資本の夢見た和平

現在の時点から振り返ると、オスロ合意締結以降、中東和平はすぐにでも達成されるだろうという楽観論が世界中を覆った。しかし、結局、和平達成は見果てぬ夢だった。ラビン元首相とともにオスロ合意を推進する両輪の一人だったシモン・ペレス元外相は、「新しい中東」だとか「中東経済圏」など、将来の中東像を示す政治的・経済的なスローガンを提唱した。しかし、実際はそのようなスローガンの下にイスラエル資本が新たな中東市場を開拓しようとする動きにすぎなかった。事実、中東和平進展後、イスラエルのハイテク企業が米株式市場に相次ぎ上場するなど、対内・対外投資が拡大均衡を続けた。イスラエルの一人あたりの国内総生産(GDP)は過去三年間に約一五%増加し、九五年には先進国並みの一万一五〇〇ドルを超えるまでの経済的な繁栄を享受していたのである。

そのように考えれば、和平の挫折は結局のところ、和平の果実の分配に与《あずか》れずに不満を蓄積した貧困な社会階層が、和平に反対する右翼勢力を選挙で支持したためであり、労働党が貧困層の不満に目を向けることができなかったからであった。

ミズラヒームの不満

「和平の配当」に与れなかった社会集団の代表が、貧しいミズラヒームであった。その多くは地方都市で織物や食料加工などの工場労働者として就業していた。しかし、和平景気に煽られてイスラエル経済がグローバル経済に編入されて、ハイテク産業を展開していった結果、イスラエル国内では工業部門における中小企業の工場の閉鎖や事業の縮小を余儀なくされた。つまり、ローテクな「古い経済」の生産部門に就業している貧困なミズラヒームは、「負け組」としていっそう貧しくなり、救済を求めて右翼政党への支持に傾いていった。

さらに、イスラエル全体の失業率が約九％のところ、ミズラヒームが多く居住する「開発都市」と呼ばれる地方都市の失業率は、もっと高い数字になった。失業はエジプト、ヨルダン、そしてパレスチナ人との和平の帰結だとミズラヒームの多くは信じた。なぜなら、和平以前には「開発都市」で操業していたイスラエル企業は、和平後にはより安い賃金の労働市場をもつパレスチナ自治区、ヨルダンやエジプトなどに下請けに出すか、あるいは生産拠点そのものを移す計画が進み、イスラエル国内経済が空洞化していったからである。

2 シャロン政権と9・11事件

バラク労働党政権

ネタニヤーフ首相の退陣を受けて、和平推進を国民に問う第一五期国会選挙と首相公選が一九九九年五月に前倒しで実施された。この首相公選ではエフード・バラク労働党党首が、リクード党党首のネタニヤーフ首相を破って勝利した。

バラク首相は就任後早速、和平交渉の再活性化をかけて、すでに暫定自治期間の五年が過ぎて期限切れになったオスロ合意を仕切り直した。そして新たにパレスチナ自治政府との間でシャルム・シャイフ覚書が九九年九月に調印された。この覚書ではオスロ合意の最終的地位交渉の早期妥結を目指して、新たに交渉期限が二〇〇〇年九月一三日と再設定された。

バラク首相は一九四二年に地中海沿岸のシャロン平野中央部に位置するキブーツで生まれ、国防軍の要職を歴任して、九一年から九五年までの四年間、参謀総長を務めた。その後、政界入りして内相、外相を経て、九六年に労働党党首に就任した。ラビン首相と同じ参謀総長出身の首相である。歴代の参謀総長経験者は現在まで一九名いるが、首相になったのはこの二人のみである。

中東和平の崩壊

クリントン米大統領はシャルム・シャイフ覚書調印を受け、交渉期限切れ前の二〇〇〇年七月、和平交渉推進のための最後の賭けに出た。大統領はバラク首相とアラファト議長をキャンプ・デーヴィッドに招集して、直接交渉を行なわせ、それまでのオスロ合意の停滞を一気呵成に打開しようと試みた。しかし、会談はエルサレムの帰属問題とパレスチナ難民の帰還問題に関して合意に達することができず、失敗に終わった。これにより、中東和平プロセスは事実上挫折してしまった。バラクとクリントンは、イスラエルの大幅な譲歩に対してアラファトが非妥協的で頑なな態度をとったのが失敗の原因だとして、パレスチナ側を強く批判した。

そもそも、オスロ合意の和平枠組み自体は、イスラエル側がパレスチナ側に大幅に譲歩することで成立するという大前提があったために、パレスチナ側は最初から守勢に回らざるをえなかった。したがって、調印当初からオスロ方式に対しては、屈辱的な和平合意だとしてパレスチナ人の内部から批判が噴出した。また、イスラエル側は、ハマースなどによるテロを抑止しようとしないアラファトが、和平交渉のパートナーとしては失格だという烙印を押して、アラファト非難を展開した。

聖地での挑発

キャンプ・デーヴィッド会談の約二カ月後の二〇〇〇年九月三〇日、オスロ合意に基づく中東和平プロセスの停滞が決定的になる事件が起こった。東エルサレム旧市街で第二次インティファーダが勃発したのである。

ことの発端は、右翼政治家の挑発によるものであった。タカ派で知られるアリエル・シャロン・リクード党首とその他六名のリクード党の国会議員が、警備員に囲まれて二〇〇〇年九月二八日の午前七時半、歎きの壁近くにあるマガーリバ門からイスラームの聖域に入った。聖域とはアル・ハラム・アッ・シャリーフ(ユダヤ人は「神殿の丘」、あるいは「モリヤの丘」と呼んでいる)である。東エルサレム全域には約一〇〇〇人の警官が一行を警備するために配備されていた。そのとき、約一五〇名のムスリムがハラム・シャリーフにあるモスクで朝の礼拝を行なっていた。その礼拝者の中には自治区の「国会」に相当するパレスチナ立法評議会の議員、あるいはアフマド・ティービー、ムハンマド・バラカ、ララブ・サナァなどのイスラエル国籍をもつアラブ系国会議員もいた。

シャロン一行は、居合わせたパレスチナ人ムスリム礼拝者に罵声で迎えられた。ただ、アラブ系議員はシャロン一行とは議員仲間として顔見知りのため、最初「談笑」していたところをテレビが撮影したともいわれる。ところが、撮影がなされていると知るや、アラブ系議員はシャロンに、「おまえはヒトラーだ、老若男女を無差別に殺した殺人者だ」といった罵声を浴びせ掛けた(とイスラエル紙は皮肉を込めて報じた)。シャロン一行は一時間ほどして現場を離れた。

その直後、シャロンの訪問に抗議するパレスチナ人とシャロン一行を警備するために配備されていた警官隊とのあいだで衝突が起こった。数百人のパレスチナ人の若者がエルサレムのイスラームの聖域内にあるアル・アクサー・モスク（聖典コーランの記述では「遠隔地の礼拝所」として知られる）に集まり、モスクの窓から眼下にある警官詰所に投石を始めたために、警官は発砲で応酬した。エルサレム警察長官は現場に居合わせたアラブ系のティービー議員に事態の収拾を要請したが、同議員は逆に同長官が不必要な数の警官をシャロンの警備の名目でイスラームの聖域に入れたためにパレスチナ人礼拝者を刺激することになったとして強く抗議した。しかし、パレスチナ人の抗議行動は電光石火、東エルサレム全体に拡大した。イスラエル警察に対する投石は続き、エルサレム北部に隣接するラーマッラーでも大規模な衝突が起こった。こうして第二次インティファーダがパレスチナ自治区全域に拡大した。

第二次インティファーダへ

シャロン政権と「ロードマップ」

シャロンはパレスチナ民衆が「暴動」というかたちでオスロ合意に「ノー」を突きつけ、「テロ」が頻発したことを追い風として、二〇〇一年二月にはバラク労働党党首を首相公選において大差で破った。バラクは第二次インティファーダ勃発後も、イスラエル国民の世論に逆行するかたちで和平を強引に進めていた。それに対して、シャロンは首相に就任してからも、自爆闘争路線をとるパレスチナ人の「テロ」

に対しては徹底的な軍事報復を行なって対抗するという戦術を展開して、イスラエル国民からの信頼を取り付けていったのである。

シャロン首相は二〇〇二年三月末にネタニヤのリゾート・ホテルで起こったテロ事件を契機に、突如パレスチナ自治区を侵攻した。そしてパレスチナ自治区のインフラを効果的に破壊し、アラファト議長をラーマッラーの大統領府に追い詰めた。計算し尽くされたシャロンの勝利であった。

パレスチナへの「対テロ戦争」

シャロン首相は二〇〇一年の9・11事件以来、ビンラーディン率いるアル・カーイダおよびその庇護者アフガニスタンのターリバーン指導者ムハンマド・ウマル師に対するブッシュ米大統領の「テロとの戦い」を模範にして、パレスチナに対して対テロ戦争を遂行した。実際、シャロン首相はパレスチナのハマースをアル・カーイダに、アラファトをウマルに比した。アラファトはテロリストのハマースによるテロを抑止しようとしていないがゆえにテロリスト擁護者だとみなして、ラーマッラーの自治政府の建物を包囲して攻撃し、アラファトをあわよくば抹殺するつもりだった。しかしアラファトは国際世論に助けられて九死に一生を得た。

シャロンは二〇〇三年一月の選挙前までは、カルテット(米、国連、EU、ロシアの四者)が提案した「ロードマップ」と呼ばれる新たな中東和平案に対しては否定的な考え方しか示していなかった。この和平提案は二〇〇二年六月、ブッシュ米大統領がイラク戦争後に行なった中東和平に関する演説に基づいて、パレスチナ・イスラエル双方の暴力を停止させるために策定された中東和平への新たな筋道を示したものだった。ブッシュは演説の中で、パレスチナ自治政府は、以前とは異なる新たなパレスチナ人指導部をもつべきだと述べた。つまり、交渉の当事者からアラファト議長をはずしてしまうという宣言でもあった。

第二次シャロン政権

シャロン首相は、二〇〇三年一月の第一六期国会選挙で労働党一九議席に対して三八議席を獲得してリクード党圧勝に導き、二月二七日、第二次シャロン内閣が国会において賛成多数で承認された。紆余曲折を経て、リクード党を中心として、世俗主義を唱えるシヌイ(変化)党とロシア系移民のイスラエル移民党の中道政党、右翼勢力が連合した極右政党の国民連合党、そして宗教シオニズムを掲げる国家宗教党(マフダル)の連立内閣が成立した。この連立内閣は議会過半数を確保して合計六八議席となった。

シャロン首相は挙国一致の幅広い連立内閣を模索していたが、シャス党を主要敵にして選挙キャンペーンを展開し一五議席を獲得して大躍進した議会第三党のシヌイ党を、シャス党に代わって連立内閣の相手として選択した。シャロン首相のこの決断は、歴代の首相が連立内閣を組む際に組閣のキャスティング・ヴォートを握ってきた超正統派ユダヤ教の宗教政党の政治的な影響力を排除するという意味で、画期的な出来事であった。

ミズラヒームの閣僚たち

ミズラヒームの支持を受けて躍進してきたシャス党が、第二次シャロン内閣をアシュケナジーム支配だという批判を展開していることに対して、シャロン首相は外相という重要ポストにチュニジアのジェルバ島出身の元ジャーナリスト、シルヴァン・シャロームを財務相から横滑りさせることでかわした。シャロームは一九五八年生まれで、その翌年に移民した若い世代の政治家であった。また、国防相には、イラン出身のシャウル・モファーズが留任した。モファーズは一九四八年にテヘランで生まれ、五七年に移民、九八年に国防軍の参謀総長に就任した。

リクード党の主要閣僚には他にもミズラヒームがいた。ネタニヤーフ前内閣の国防相であったイツハク・モルデハイは、一九四四年にイラク領クルディスターンで生まれ、四九年にイスラエルに移民してきたが、国防軍で軍人として過ごし、九六年に政治家に転身した。また、モシェ・カツァヴはイランのヤジィド出身で五一年、五歳のときに移民してきて、リクード党内の出世コースを歩み、数々の閣僚を経験して、二〇〇〇年八月には大統領に就任したが、〇七年七月にセクハラ疑惑などで辞任を余儀なくされた。

ネタニヤーフとの確執

第二次シャロン内閣では、シャロンとネタニヤーフとの確執が表面化した。シャロン首相はリクード党内のネタニヤーフの政治的影響力を封じ込めると同時に、ネタニヤーフ派閥との関係を維持するために、外相から財務相に横滑りさせて、閣内に留めることに成功した。また、シャロンの側近中の側近で、連立内閣成立の影の立役者であったエフード・オルメルト元エルサレム市長は、党内に派閥をもたないにもかかわらず副首相兼通産相のポストに就いた。しかし、シャロンはネタニヤーフに対抗するためにオルメルトを重用することになり、結果的にリクード党内に後にカディーマ党が分離して結成される雰囲気を醸成していった。というのも、シャロン首相が新内閣の最重要課題として掲げた経済立て直しを、ネタニヤーフ財務相はうまくこなし、党内の主導権をにぎったからであった。

「和平の政治家」というイメージ

シャロン首相は「対テロ戦争」を続行した。ガザを拠点とするテロの首謀者とみなされているハマースの精神的指導者アフマド・ヤースィーンは二〇〇四年三月、イスラエル軍のミサイルによって暗殺され、ハマースのナンバー2とみなされていたランティーシー医師も続けて同様に殺害された。暗殺計画を実行したシャロン首相の行為は「対テロ戦争」の文脈で正当化され、アメリカも事実上、追認した。

さらにシャロン首相は、イスラエル国内、とりわけリクード党右派のネタニヤーフなどの強い反対にもかかわらず、二〇〇五年九月、費用対効果の観点から財政負担となっていたガザのユダヤ人入植地を撤去する「英断」を行なって、ガザからイスラエル軍を撤退させた。そのため、シャロンは「和平の政治家」として賞賛されるようになった。

しかし、このような「和平の政治家」のイメージは明らかに中東和平プロセスの停滞を背景に、アメリカおよびイスラエルのメディアを通して意図的に形成されたものであった。というのも、シャロン首相は、ガザ撤退と軌を一にして、ヨルダン川西岸におけるユダヤ人入植地を拡大し、「安全壁」とイスラエル側が呼ぶ分離壁の建設を強行したからである。分離壁は高さ約八メートル、完成すれば全長七〇〇キロメートルにも及ぶもので、パレスチナ人のテロリストがイスラエル領内に侵入しないようにするための安全保障のための措置だと説明された(図4)。

しかし、実際には第一次中東戦争の休戦ラインであるグリーンラインよりもヨルダン川西岸に食い込むかたちで建設されたために、パレスチナ人の都市・村落は分断されてしまった。そればかりか、イスラエルが西岸のパレスチナ自治区との境界線を分離壁にし、それを既成事実として確定してしまおうとする政治的な意図も垣間見えるものであり、国際的にも非難にさらされることになった。実際、オランダのハーグにある国際司法裁判所は二〇〇四年七月、占領地における分離壁の建設は国際法違反として、分離壁の撤去とパレスチナ人への補償を求める「勧告的意見」をイスラエルに対して言い渡した。

もちろん、イスラエルと西岸を明快に分離して西岸にパレスチナ国家を建設するという発想自体は、もともと労働党の考え方でもあった。しかし、シャロン首相が実行したように、物理的に分離壁を建設して、イスラエルから西岸を切り離すというところまで踏み込んだものではなかった。

カディーマ党の結成

シャロンは二〇〇五年一一月、リクード党を離党して、中道政党カディーマ(前進)党を結成した。シャロンがリクード党内に留まっていると、シャロンが考えている「パレスチナ独立国家」案のイスラエル側からの一方的な推進に対して、ネタニヤーフらリクード党内の右派勢力から反対の声が上がってうまくことが運ばない。そのために、リクード党からの離党、新党の結成へとつながっていったのである。新党に参加した

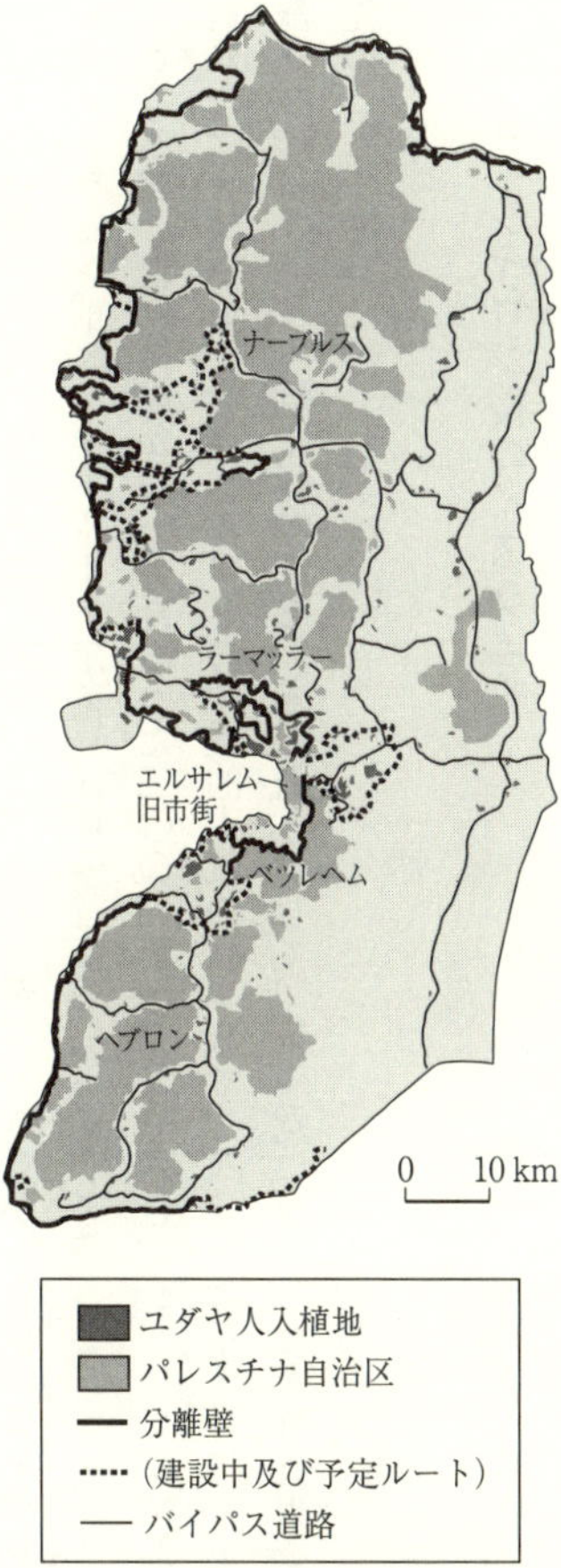

図4　ヨルダン川西岸(2008年)

のは主にリクード党の閣僚を含むメンバーであったが、労働党からもシモン・ペレス元首相やハイム・ラモン前ヒスタドルート(労働総同盟)議長などが参加した。

ところが、新党結成から一カ月たった二〇〇五年一二月一八日、シャロンが突然、脳卒中で倒れた。カディーマ党はシャロンの国民的人気の高まりで、二〇〇六年三月に予定されていた総選挙ではリクード党や労働党を大きく引き離して、第一党になることが確実視されていた矢先のことであった。

3 シャロン後のイスラエル

カディーマ党の躍進

シャロン退場後の二〇〇六年三月に行なわれた第一七期国会選挙の結果、シャロンなきカディーマ党は、一二〇議席中二九議席という四分の一以下の議席数でかろうじて第一党になった。国民は和平を通じてよりも、治安対策の強化に基づく安全な生活を欲して、より内向きになっていた。何よりもまず国民の間の経済的・社会的格差を早急に是正し、最低限の豊かさが保障された生活を政治家たちに求めていることを示した。

エフード・オルメルト首相は二〇〇六年四月に新政権を発足するに当たって、カディーマ党の代表としてシャロン路線の忠実な継承を謳った。パレスチナ自治政府のアッバース議長は、シャロン路線を継承するオルメルト政権には和平進展の期待はできないという見解を表明した。和平交渉再開の見通しが立たないまま、イスラエル側の新政権の課題はまずは国内の社会問題の解決であった。

二〇〇六年一月にパレスチナ自治評議会選挙で与党となったハマース政権の下のパレスチナ側は、財政支援停止によって国際的に次第に孤立していた。また、パレスチナ内部では給料遅配問題に端を発して、ハマース政権あるいはハマース支持者とファタハ系治安組織あるいはファタハ支持者との抗争も起こっていた。

争点の変化

二〇〇六年の国会選挙の結果にもどると、その特徴の第一は、経済政策についての労働党とリクード党の両党間の相違に関して、民営化路線をめぐる問題はすでに解消され、むしろ政府による貧困層への補助金支出が主要な争点になったことである。この争点の変化は、二〇〇五年一一月にモロッコ出身のアミール・ペレツが労働党党首に選出されたことに象徴される。それまでの労働党の支持者はキブーツ居住者と都市中間層を中心とする高学歴の欧米系ユダヤ人であり、他方、リクード党は地方都市在住で中東イスラーム世界出身の貧困層だという大まかな図式があったが、それも壊れつつある。

第二に、イスラエル政党史において単一の争点を掲げて登場した政党は、議会一期のみで消えていくというジンクスともいうべき傾向がある。第一六期国会では単一争点でラピード党首の下で戦ったシヌイ(変化)党が議会第三党であったが、同党は超正統派ユダヤ教宗教政党シャス党に対して徹底した世俗主義を主張して躍進したものの、第一七期国会では政党としても消滅してしまった。もちろん、第一七期国会では新たな単一争点政党として年金(ギール)党が登場して、年金で生活する高齢者に支持を広げていって、七議席を獲得した。そもそも、カディーマ党もシャロンの個性で成立している政党だったといってもいい。したがって、シャロンのいないカディーマ党の存続も中長期的には危ぶまれることになる。

ペレスとペレツ

労働党出身の老練な政党政治家シモン・ペレスも、結党の際にカディーマ党に合流した。しかし、ペレス元首相は二〇〇五年一一月の労働党党首選でペレツ候補にまさかの敗退を喫した。しかも、ペレスは老齢であり、ラビン首相を継いで首相に就任したが、もともと国民的な支持を欠いており、政治家としてのカリスマ性もあまりないままに、二〇〇七年六月には大統領に就任した。

アミール・ペレツは、モロッコのアトラス山脈の麓の小さな町で一九五二年に生まれ、五六年にイスラエルに移民してきた。それからヒスタドルート内の出世階段を上り詰めて労働党のトップとなった。しかし、二〇〇六年の国会選挙ではカディーマ党が第一党となり、労働党は同党と連立内閣を結成したために、不慣れな国防相に就任した。しかし、二〇〇七年六月に行なわれた労働党の党首選挙ではバラク前首相に破れて、結果的に国防相を辞任し、バラクが新たに国防相に就任したのであった。

さらに、ペレスをラビン暗殺後の選挙で破って首相に就いた経験をもつネタニヤーフ・リクード党首も、シャロン首相と対抗してガザ撤退反対の党内世論を形成し、よりタカ派色を鮮明にし、シャロンに離党・新党結成の決意をさせた人物であるが、リクード党の長期低落の傾向に歯止めをかけることができなかった。

レバノン攻撃の「敗北」

ところで、オルメルト政権が世界の注目を浴びたのは、新政権が発足して三カ月が経った二〇〇六年七月一二日、イスラエル軍が突然レバノンを空爆したことによってであった。空爆の理由は、レバノンのシーア派組織ヒズブッラーがイスラエル兵二名を拉致したということであった。このレバノン戦争は、政治指導者としての経験があまりにも少ないオルメルト首相、軍事的にはまったく素人の労働組合出身のペレツ国防相、シャロンに見出されて政治家経験は七年にも満たないツィポラ・リヴニー外相といった主要閣僚が、イスラエル国民世論の支持を得るために「対テロ戦争」の大義名分を前面に押し出して、人質救出作戦のために大々的な軍事行動に出たものであった。

またシビリアン・コントロールの下でイスラエル国防軍の最高司令官であるオルメルト首相による戦争開始の即断が、イスラエル国防軍の現場の最高責任者であるダン・ハルーツ参謀総長への全面依存の下で行なわれた。建国直後の一九四八年にイラン系とイラク系の両親から生まれたハルーツは、空軍最高司令官から参謀総長に抜擢され、「対テロ戦争」を遂行するための軍事作戦としてレバノンへの無差別爆撃を提唱した。しかし、イスラエル軍は空爆に続いて陸上戦を展開したものの、八月一三日、国連による停戦を受けざるをえなかった。イスラエルは軍事的には兵士奪還に失敗したという意味で「敗北」であった。この「敗北」は一九七三年の第四次中東戦争の緒戦での敗北以来のことであり、イスラエル社会にとっては衝撃であった。

オルメルト首相は二〇〇八年七月、カディーマ党の党首選挙に出馬しないと宣言した。というのも、オルメルト首相は不正疑惑の諸問題で党内での求心力が急激に低下したために事実上、首相降板という事態に至ったからであった。カディーマ党党首選挙ではリヴニー外相がモファーズ元国防相を破って、新たな女性首相候補が誕生した。しかし、リヴニーによる組閣工作はシャス党などの連立相手との交渉をめぐって難航し、リヴニーは組閣することができなかった。そしてオルメルト首相が第一七期国会の任期が切れる二〇〇九年三月まで首相を暫定的に続投するということになった。

ガザ攻撃

求心力を失ったカディーマ党政権は、二〇〇八年一二月二七日、イスラエル軍によるガザへの空爆を開始した。ガザのハマースによるカッサーム・ロケット弾がイスラエルに打ち込まれてくることに対する報復のためであった。ガザへの攻撃直後の世論調査では、イスラエル国民の九〇％以上が攻撃を支持した。ガザ地区に対するイスラエルの攻撃は二二日間にわたって続き、一二〇〇人を超えるパレスチナ人が死亡し、五三〇〇人以上が負傷した。オルメルト首相は〇九年一月一八日、一方的停戦を宣言した。しかし、〇六年のレバノン攻撃と同様に、拉致されたイスラエル兵の救出に失敗し、ハマースに決定的な打撃を与えられなかったという意味では、所期の目的は達成できなかった。

右派勢力の躍進

二〇〇九年二月一〇日、第一八期国会選挙が行なわれた。リヴニー率いるカディーマ党は前回に比べて一議席減らしただけで二八議席を確保して、議会第一党になった。対するネタニヤーフ元首相が率いるリクード党が一二議席から一五議席も増やして二七議席に躍進して、カディーマ党に一議席差までに肉薄し、かつての党勢を回復した。

今回、一一議席から一五議席に議席を伸ばし、労働党を追い抜いて議会第三党に躍り出たロシア系極右政党「我が家イスラエル」が連立内閣のキャスティング・ヴォートを握ることになった。「我が家イスラエル」の党首リーベルマンはかねてから、イスラエル国籍をもっているアラブ市民をイスラエルから追放せよと主張している。他方、左派政党の労働党が六議席も減らして一三議席しか獲得できず、議会第四党になってしまった。バラク労働党党首はガザ攻撃では国防相として軍事作戦を指揮したにもかかわらず、労働党の凋落は続いた。

今回の選挙は、右派の政治勢力が躍進し、左派の政治勢力が後退した。パレスチナ人との和平推進に消極的で、強硬なテロ対策を講じることを支持する世論が強くなっている。和平か治安かという論点をめぐって国民は治安を選んだのである。

国会に議席を得た各政党がそれぞれペレス大統領に首相候補者を推薦し、大統領が最終的にいずれかの党首に組閣を要請することになる。その結果、右派諸政党(「我が家イスラエル」、国民連合、「ユダヤ人の家」)と宗教諸政党(ユダヤ教統一律法党、シャス党)がネタニヤーフ・リクード党首を推薦したので、大統領はネタニヤーフに組閣を要請した。

ネタニヤーフは一カ月以上にわたる連立工作の結果、右派諸政党、宗教諸政党、そして労働党を含む連立内閣を発足させた。ネタニヤーフを首班とする連立内閣は、二〇〇九年三月三一日に国会で承認された。連立内閣には組閣時点ではリクード党、労働党、「我が家イスラエル」、シャス党、「ユダヤ人の家」が参加した。国防相にバラク労働党党首、外相にリーベルマン「我が家イスラエル」代表、そして内相にはイシャイ・シャス党党首が就任した。

連立内閣の最大の特徴は、労働党が加わったことで、極右内閣のイメージの軽減に成功したことであろう。しかし、極右のリーベルマンが外相に就任したことは、イスラエルの対外イメージを低下させるであろうし、国内の経済対策の責任を担う財務相に、経験の少ないリクード党のシュテイニッツを当てたことなどは、国民の支持率を大きく減らしている。実際、新内閣の不支持率は五四%であると報じられている。また、中東和平に関しても、ネタニヤーフ首相は和平へのコミットメントを約したものの、その前途には暗雲が垂れ込めている。

終章

イスラエルはどこに向かうのか

東エルサレムの分離壁(著者撮影)

1　分裂する国家像

和平の破綻への道

一九九三年九月のオスロ合意締結から一五年余。締結直後は平和が訪れるかもしれないという期待もあった。イスラエルとパレスチナ人とが相互承認することで、少しは交渉を通じて和解が進んでいくだろうという楽観的見通しがあったからである。あらためてここで、オスロ合意に基づく和平が崩壊していくプロセスを簡単に見てみたい。

合意締結以後、和平プロセスは二〇〇〇年夏までは紆余曲折を経ながらも少しずつ進んでいった。イスラエル軍の撤退は遅々として進まなかったが、ヨルダン川西岸とガザのパレスチナ自治区は少しずつ拡大していったのも和平交渉の成果であった。

二〇〇〇年九月二八日、シャロン・リクード党首がイスラームの聖域を訪問して、第二次インティファーダが勃発、事実上、和平プロセスは途絶えることとなった。その後は奈落に転げ落ちるように和平の機運は消えていった。翌〇一年三月にはシャロン政権が成立して、さらにその半年後の九月に9・11事件が起こった。シャロン首相は9・11事件後の世界的な反テロの潮流に乗じて、パレスチナ人に対する「対テロ戦争」を積極的に遂行していった。〇二年三月末、シャロン首相はイスラエル軍をパレスチナ自治区に大規模なかたちで展開して、テロの温床になると考えられる自治区のインフラを徹底的に破壊した。その過程で、ジェニーン・パレスチナ難民キャンプの虐殺事件も起こった。

しかし、シャロン首相から見れば、アラファトPLO議長のようなテロを煽動する指導者をいただくパレスチナ側はすでに「和平のパートナー」ではなかった。その結果、お互いに合意したうえですべてを進めていくという、オスロ合意の基本精神であった相互主義に基づく信頼関係は崩壊し、イスラエル側の一方的な措置だけですべてが動くようになった。そのようなシャロン首相の考え方を象徴するのが、分離壁の建設であった。

和平の後退の中で、ブッシュ政権の進めたロードマップ和平案が浮上し、断固たる対テロ抑止措置をとらないアラファトをバイパスするためにアッバースを首相として登場させた。そしてアラファトが〇四年一一月に病没すると、アッバースがパレスチナ自治区の代表に選ばれた。しかし、〇五年一二月、シャロン首相も脳卒中で倒れ、政治生命が絶たれた。イスラエル・パレスチナ双方のカリスマ的な指導力をもつ政治家が舞台から姿を消したのである。タイミングを計ったかのように、〇六年一月のパレスチナ自治評議会選挙で、ハマースが第一党の与党となり、自治政府の長としてハマースのハンニーヤ首相が登場した。

一方、イスラエル側も同年三月の総選挙でカディーマ党のオルメルト首相が登場した。七月にはレバノンのシーア派武装組織ヒズブッラーによるイスラエル兵拉致事件を機に、レバノンへの空爆を行なって、オルメルト流の「対テロ戦争」を遂行した。しかし、所期の目的であったイスラエル兵の解放を達成できずに、国連の停戦を受けざるをえなかった。他方、アラファトの後継者として自治区の大統領に相当する地位に就いたアッバース議長も、アメリカやイスラエルによって「テロ組織」と認定されているハマースによるガザの実効支配という事態を座視することができず、結果的に〇七年六月にハンニーヤ首相を「解任」した。そのため、パレスチナ自治区は事実上、ヨルダン川西岸とガザ地区の二つに分裂することになった。イスラエル軍は半年前から周到な準備を進めて、〇八年一二月にガザのハマース政権への攻撃を行なった。

イスラエル社会の三つの亀裂

本書で強調して述べてきたように、イスラエル社会はあるべき国家像をめぐって、いくつかのレベルにおいて分裂状態にある。この分裂こそが、和平が破綻していくプロセスの背景にある。

最初に挙げなければならない深刻な分裂は、イスラエルを世俗的なユダヤ民族国家として維持しつづけるのか、それともユダヤ教国家にすべきなのかという、政教分離の原則にかかわる問題をめぐる対立である。第二の分裂は、ユダヤ人の出身地域による文化的差異に基づくアシュケナジームとミズラヒーム、あるいはロシア系ユダヤ人やエチオピア系ユダヤ人といった新たな移民集団の登場に伴うエスニックなレベルでの対立である。さらに、最も深刻な分裂は、同じイスラエル国籍といってもユダヤ市民とアラブ市民の間の民族的な対立である。

イスラエルにおける国民統合は、かつてシオニズムという強力なナショナリズムがその国民を結束させる絆として機能していた。しかし、シオニズムを信奉しない信仰篤いミズラヒームがイスラエルの人口の多数派を占めるようになり、さらにパレスチナ解放運動が高揚する過程の一九六〇年代後半から七〇年代には、第一にユダヤ民族として世俗的に国民を統合しようとするシオニズム、第二にユダヤ教徒として宗教的に国民を統合するユダヤ教、そして第三に非ユダヤ人たちにとってはそのいずれでもない民主主義、という三つ巴の関係がぎくしゃくするようになった。つまり、ナショナリズム、宗教、民主主義の相互関係が、世俗的なユダヤ民族国家か、宗教的なユダヤ教国家か、さらには民族的・宗教的性格を排除した民主国家か、という国民統合の三極の原理をめぐって相互に衝突するようになったのである。もちろん、この三極の考え方が少なくともいずれかに偏向することなく、均衡の取れたかたちでかろうじて国民統合の理念として機能してきた一九七〇年代前半までの労働党政権の時期は、この問題は表面化することもなく、国民統合の原理の破綻というところまで至ることはなかった。

ところが、宗教シオニズムのように、民族と宗教を結び付けようとする考え方をとる国家宗教党(マフダル)のような流れが生まれて、結果的に民族と宗教の先鋭的な排外主義の側面を強調して占領地でのユダヤ人入植地拡大などを通じて過激化していった。この国家宗教党からグーシュ・エムニームといった過激な宗教的政治運動が生まれ、さらにパレスチナ人に対して武装地下活動を展開するような政治組織までも生み出すことになった。このような突出した先鋭的な部分の過激化が、カハネやリーベルマンなどの極右的な流れと連動して、この三つのレベルでのイスラエル社会内部の亀裂を修復できないくらいに深いものにしている。

とりわけ三つ目の民族的対立の亀裂は、イスラエル国家が対アラブ諸国あるいは対パレスチナとの戦争を遂行すれば、いっそうはっきりとその断裂面がさらされてしまう。アラブ市民はイスラエル内部の敵であるという告発とともに、アラブ市民をイスラエルから追放せよ、という声が高まってくるからである。イスラエル社会の右傾化は、二〇〇九年二月の国会選挙で「我が家イスラエル」が第三党に躍進したことにも現れており、「リーベルマン現象」とも呼ばれている。

アラブ市民を敵としてその排斥の標的にすれば、ユダヤ人の間の分裂は最小限にとどめることができるかもしれない。しかし、アラブ追放を唱えてイスラエル内部の敵を作り続けたところで、イスラエル社会の統合という観点からは何ら抜本的な解決案を提示したことにならない。イスラエルがいっそう排他的で排外主義的な性格を帯びたものになってしまうだけである。しかし、このような極右的な潮流は、社会の周辺部に追いやられている新移民や貧困層などに多くの支持者層を見出しているだけに、その解決に向けての処方箋は容易ではない。

イスラエルの安全保障

イスラエルは建国以来、国家の安全保障が最大の懸案であった。現在のところ、安全保障こそがユダヤ人のあいだの亀裂を超えて合意可能な争点である。イスラエル国防省(Israel Ministry of Defense)の「国防」は、英語名では「防衛」を使っているが、ヘブライ語名では安全保障や治安を意味する「ビタホーン」という単語を使っているところに、イスラエルの国防思想の特徴がある。もちろん、イスラエル国防軍は「防衛《ハガナ》」というヘブライ語の単語を使用している。

ベングリオンなどのイスラエル建国の父たちは、敵対するアラブ諸国の真ん中に誕生したイスラエルというユダヤ国家は一度敗北するだけで亡国の運命が待ち構えていると考えていた。そのような国防上の危機意識の下に、イスラエルは常に臨戦体制を敷いて、緊急事態の対応のために国防軍のほかに、国民を兵士として瞬時に動員できる予備役制度を作り上げた。イスラエル国防軍は、狭い国土のために前線から後方までの防衛線の奥行きが浅いという戦略的欠陥を補うために、先制攻撃を含む武力行使も正当な自衛手段であるという戦略思想を培ってきた。さらに、アラブ諸国の攻撃を未然に防ぐために抑止力も構築するという戦略の下に、国際社会における公然の秘密として、核兵器開発にも従事してきたとも言われている。

イスラエルは第三次中東戦争でシナイ半島、ゴラン高原、ヨルダン川西岸・ガザという広大な占領地を獲得することで、防衛戦略上の優位に立つことになった。しかし、一九七三年の第四次中東戦争の緒戦でアラブ諸国軍から先制攻撃を受けてしまった。その教訓がエジプトとの和平に向かわせた側面もあるが、イスラエルはむしろアラブ諸国との和平を推進するにあたっては、「平和を求める者は常に戦争の準備をする必要がある」という戦略思想家リデル・ハートが唱えた戦略思想に立脚しているといっても過言ではない。したがって、和平交渉においても常にその強力な軍事力を背景に対話の席につくという強硬な姿勢を崩さなかったのである。換言すれば、イスラエルはアラブ諸国およびパレスチナ人に対して、軍事的優位を保たねばならないと考えており、彼らにイスラエルという国家を破壊することは不可能なのだということを、過去の教訓から知らしめるという姿勢で臨んでいるのである。

9・11事件後、イスラエルは「対テロ戦争」を積極的に推進していったが、基本的な軍事戦略は事件以前も以後も根本的に変わるものではなかった。むしろアメリカが「対テロ戦争」においてイスラエル化したといわれるゆえんである。「和平」の時代においては、ラビンとシャロンという、労働党とリクード党の左右両翼の政治家がその象徴的な存在であったが、国防思想という点からすれば、むしろ共通点の方が多かったともいえる。イスラエルがその歴史を通じて、常に攻撃的であるのは、以上のような戦略思想がイスラエル防衛の根底に流れているからである。

「対テロ戦争」の遂行の過程で、イスラエルの安全保障を考えるにあたってきわめて重要な要因になってきたのが中東諸国の核開発である。というのも、アフマディネジャド大統領の下でのイランが、積極的に核開発を展開しているからである。イスラエルは、イラクのフセイン大統領が建設したオシラク原子炉施設を完成直後の一九八一年に空爆で破壊した。フセイン体制の崩壊後は、イスラエルの安全保障を脅かす最大の仮想敵をイランに設定しており、好機が訪れれば、イランの原子炉を空爆する可能性すらもささやかれている。また、イスラエルは二〇〇七年一〇月、シリア北部の核施設を空爆したという報道もなされたが、実際はどうであったのか、その実態は明らかにされていない。

イスラエルの核開発

イスラエルは自国の核開発についてもまったく情報を公開していない。一九五七年に南部のネゲヴ沙漠のディモナにフランスの援助を受けて、原子炉を建設した。しかし、イスラエルは核拡散防止条約(NPT)にも調印していないし、国際原子力委員会(IAEA)には加盟しているものの、査察は受け入れていない。イスラエルは公式に核兵器を所有しているかどうかは明らかにしていないが、すでに核保有国であるともいわれる。イスラエルは核保有に関して明らかにしない戦略をとることによって、逆に敵対する中東諸国に対する核抑止力として利用している。

2　アメリカ問題としてのイスラエル

アメリカとの特別な関係

イスラエルはアメリカの第五一番目の州と揶揄されるくらいに、アメリカとは友好的で特別な関係を築き上げてきた。民主党のトルーマン大統領が国連パレスチナ分割決議案を、国務長官と国防長官の反対を押し切って支持し、建国直後にイスラエルを承認したということは、両国関係にとって象徴的出来事であった。

しかし、共和党のアイゼンハワー大統領の時代になってからは、イスラエルはむしろフランスとの軍事同盟関係を強めて、一九五六年の第二次中東戦争では英仏とともにエジプトのシナイ半島およびスエズ運河地帯に侵攻した。イスラエルとアメリカとの関係が中東地域における「同盟国」というパートナーとして「特別な関係」にまで「格上げ」されたのは、一九六七年の第三次中東戦争での大勝利によって、イスラエルの戦略的重要性が確認されたからであった。さらに、エジプトとの平和条約締結以降、とりわけレーガン政権は一九八〇年代後半以降、イスラエルへの軍事的・経済的援助を増やしていった。アメリカは一九八七年にイスラエルを日本と同様、主要な非NATO同盟国に指定し、軍事的関係はいっそう強化された。現在、アメリカの対外援助の最大の国はイスラエルであり、その総額は二〇〇七年には軍事援助二三億四〇〇〇万米ドルを含む総額約二五億米ドルであった。

イスラエル・ロビー

アメリカにおけるイスラエル・ロビーの役割に関しては現在、論争の的になっている。アメリカのイスラエルに対する突出した額の援助は、イスラエル・ロビーの影響のためで、イスラエルに一方的に肩入れする特別な関係こそがアメリカの国益を損なっているという論者も多くなっているからである。実際、ロビー団体の米国イスラエル広報委員会(AIPAC)による政府や議会に対するロビー活動は目立っている。

しかし、オバマ新政権になってイスラエル・ロビーがブッシュ政権下のように活動できるかどうか、まだ予断を許さない。というのも、オバマ政権の中東政策の全体像がまだ見えてこないからである。もちろん、親イスラエル的立場で知られるヒラリー・クリントン国務長官がどのようなイスラエル政策を取るかにもよるが、いずれにせよ、ブッシュ政権とは一線を画した対イスラエル外交が展開される可能性もある。

駐イスラエル米国大使館はテル・アヴィヴにあるが、アメリカの上下両院では米大使館のエルサレムへの移転が議決されている。しかし、歴代の大統領はその権限によって移転を停止しており、大使館の予定地も購入しているものの、まだエルサレムには移転していない。イスラエル政府による一方的な東西エルサレムの併合と東西統一エルサレムを首都とすることを定めた基本法を正式に承認している国はないために、現在、エルサレムに大使館を置いている国は存在しない。しかし、クリントン国務長官はかつてエルサレム移転論者として知られていただけに、この問題はアメリカの対イスラエル政策のリトマス試験紙になるともいえよう。

キリスト教シオニスト

アメリカの宗教右派（福音主義者、あるいは「キリスト教原理主義者」とも呼ばれたりする）はブッシュ政権時代、イスラエルを支持する最大の勢力だった。宗教右派の代表とみなされていたモラル・マジョリティのジェリー・ファルウェルも、ユダヤ教徒への神の約束が実現してからキリストの再臨が起こるという千年王国論を信じており、キリストの再臨によってユダヤ人はハルマゲドン（世界最終戦争）によって殺されるか、キリスト教に帰依するしかないと主張しながら、イスラエルがヨルダン川西岸・ガザを占領することは旧約聖書の預言の実現であるから正しいとして正当化していた。

ピューリタン的な神学的解釈に基づいてパレスチナにおけるユダヤ人解放を正当化するキリスト教徒は、「キリスト教シオニスト（Christian Zionists）」と呼ばれている。すなわち、ファルウェルの例は極端ではあるが、国連パレスチナ分割決議案に賛成したトルーマン米大統領もキリスト教シオニストだったと言われている。ネタニヤーフ首相は国連大使だった一九八五年二月に、「キリスト教徒のイスラエルへの関わりの歴史を知っているものにとって、信仰篤いキリスト教徒が一貫してイスラエルを支持してくれたところで何も新しいことではないし、驚くべきことではない」と発言して、キリスト教徒とイスラエルとの歴史的なパートナーシップを賞賛した。このことを考えると、イスラエルの政治家自身もこの特別な関係を強く意識しているのである。このキリスト教シオニストとの関係も、宗教右派からは距離をおく民主党政権になって大きく変貌していくかもしれない。

アメリカ問題としてのイスラエル

イスラエルがアラブ・イスラエル紛争を乗り切り、ここまで幾多の困難の中を生き延びてきたのは、シオニズムに基づく国家建設を推し進めてきた政治指導者たちの「功績」であったことは言うまでもない。しかし、同時にアメリカ合衆国によるイスラエルへの突出した軍事的・経済的援助や国連安保理におけるイスラエル関係の議決に対する四〇回近い拒否権の発動などが、イスラエルを支えてきたともいえる。もちろん、イスラエルによる対米依存は、イスラエルの外交政策の主柱であるので、当然といえば当然である。

ただ、イスラエルは中東地域に存在する以上、将来的にも周辺アラブ諸国との関係の中で生きざるをえず、中東域内での孤立化を避けるための術《すべ》を模索しなければならない。イスラエルとパレスチナ人の間の紛争は、軍事的・政治的に圧倒的に優位の立場にあるイスラエルの妥協があって初めて解決するものであろう。もちろん、イスラエルにとっては、安全が保障されないかぎり、「対テロ戦争」に関しては妥協できないであろう。しかし、妥協の積み重ねによってしか政治的解決を見出せないというのも、これまでの歴史が示してきたとおりである。その場合にもやはりアメリカしか仲介者としての役割を果たせないのが現状である。

パレスチナ問題の解決は、少なくとも中東地域の権力政治の力学という点からはイスラエルの手に委ねられており、パレスチナ問題の解決の鍵を握るイスラエルという問題は、アメリカ次第である。つまり、イスラエル問題はアメリカ問題でもあるということができる。アメリカこそがイスラエルというユダヤ国家の生殺与奪の力をもっており、その意味でもイスラエルはアメリカと「運命共同体」の関係にあるといっても過言ではない。

ディレンマの中のイスラエル

イスラエルは二〇〇八年、建国六〇周年を迎えた。イスラエルは市民社会としては成熟しつつあるにもかかわらず、シオニズムを捨てることはないだろうし、「ユダヤ国家」であり続けるだろう。イスラエル社会はグローバリゼーションの流れの中で経済的な自由化を選択しつつ、民主的な市民社会に向かっている。しかし、そのような方向に向かえば向かうほど、イスラエル自身が多文化主義的になっていく。だからこそ逆に、イスラエルの純粋なるユダヤ性をことさらに強調せざるを得ないと考える国民も増えてくる。そこにイスラエルという国民国家の抱える最大のディレンマがある。しかし、このディレンマはイスラエルだけの問題ではない。二一世紀のグローバル化の時代の国民国家すべてが直面している問題であるともいえる。

あとがき

イスラエルと付き合い始めてまだ四半世紀にも満たない。いささか弁明的になってしまうが、そんな私がイスラエルについて新書を書くことになるとは思っていなかったし、このような本を執筆するのにふさわしいとも思ってもいない。にもかかわらず、七転八倒の苦労の末、このような本を出版したのは、イスラエルという国は多様な顔をもっており、付き合った人の個性がそのイスラエル論には反映される、と考えることができると思うようになったからである。つまり、私の見たイスラエル論を描くということである。

もちろん、このようなことはイスラエルに限った話ではないが、とにかくも、イスラエルを論じた本書の特徴は、イスラエルが事実上、ロシア系やエチオピア系などの多様なユダヤ人のエスニック・グループのみならず、民族的マイノリティとしてのアラブ人をも包摂する多文化主義に向かっていることを議論の前提にしていることである。逆に言えば、イスラエルの多文化主義的性格のゆえに、イスラエル国民の多くはその反動として、ナショナリズム的な行動をとる傾向にある。例えば、二〇〇九年二月の国会選挙で第三党に大躍進した「我が家イスラエル」のように、イスラエルはより純粋な「ユダヤ国家」であるためにアラブ追放を主張するような極右ナショナリズム的な潮流も生じてきている。したがって、ユダヤ人内部のエスニックな多様性をもつイスラエルの現実を述べ、民族的マイノリティとしてのアラブ人の問題も「ユダヤ国家」の将来を考えるための素材として正面から取り上げた。

私がイスラエル社会の多様性を考えるようになったきっかけについては、私自身がどのようにイスラエルにかかわるようになったかを述べれば多少なりとも理解していただけるのではないかと思う。私が最初にイスラエルを訪問したのは一九八三年春であった。私は当時自分をアラブ研究者の一人と位置づけていたが、研究テーマはイスラエル建国前のイギリスによるパレスチナ委任統治下における民族主義と共産主義の関係であった。とりわけ、委任統治期パレスチナの共産主義者は、アラブ人とユダヤ人の共存を訴えて活動をしていた数少ない政治運動の一つであったので、両民族の共存を目指す考え方がどんなものなのか興味をもったのである。

そのようなイスラエルのアラブ知識人に会いに行くために、エジプトのカイロからバスに乗った。まる一日かけてシナイ半島を越えて、ガザのラファハからイスラエルに入った。ところが、エジプトを出国するときに外貨をすべて没収されてしまった。というのも、エジプトは当時、公式には入国のときに持ち込む外貨の申請を義務づけていたのであるが、私はそれを怠っていたからであった。もちろん、没収された外貨は当時カイロ滞在中の加藤博氏(一橋大学)の助力もあって、エジプトに戻ったあとで何とかエジプト・ポンド建てで返却してもらった。それはともかく、イスラエル側の入国管理事務所の若い同世代の女性の係官にそのことを話すと、彼女は同情してくれた。そんなことも重なってしまったのかもしれない。イスラエルに入ってからもバス旅行は続いたのだが、目に飛び込んでくるイスラエルの農場の風景が実に美しく映った。実際、シナイ半島の殺伐とした沙漠の世界から、人工的な耕作地とはいえ、緑豊かな豊饒な大地へと突如一変したように見えたのである。アラブ研究者の自認にもかかわらず、シオニズムが実施してきたパレスチナの緑化運動の「成果」を実際に見せつけられてそれを現実として受け入れざるをえなかったというのが、私のイスラエルの第一印象であった。

イスラエルではテル・アヴィヴに住んでいた立山良司氏(防衛大学校)に助けてもらって、何とか「生き延びる」ことができた。イスラエルはその頃、猛烈なハイパーインフレ状態にあった。そのためにシェケルというイスラエル通貨は価値のない紙切れのような感じで、少しも信用がなかった。ホテルの料金はもちろん、商店で売っている商品も多くが米ドル建てで表示していたし、米ドルで支払った。当時、イスラエル経済はシオニズム的な社会主義経済から次第に民営化して自由主義化の方向に転換しており、その過程の産みの苦しみだったのであろう。

イスラエルに居住しているアラブ人の社会は、エルサレムはもちろんであるが、ハイファやアッカーというイスラエル北部にある都市やナザレを中心とするガリラヤ地方にも存在した。

私の目的は、ハイファで発行されていたイスラエル共産党(ラカハ)系のアラビア語の新聞や雑誌を編集している事務所や出版社を訪ねることだった。当時、エミール・トゥーマーという歴史家がアラビア語雑誌の編集長だったが、玉葱を肴にイスラエル産の安物コニャックをごちそうになりながら、イスラエルのアラブ人の生活や知的状況について聞かせてもらったりした。今から考えれば、そのような関心がイスラエル研究に入るきっかけになっているので、当時はまだまだステレオタイプ的なイスラエル像を抱いていたともいえる。つまり、帝国主義の手先のシオニスト国家イスラエルという否定的なイメージである。

その後一九八四年からは、イスラエルの隣国ヨルダンに二年半ほど滞在することになった。そのときもイスラエルに行くために、頻繁にヨルダン川を「渡る」ことになった。なぜ「渡る」と表現したかというと、当時ヨルダンはヨルダン川西岸を自国領とみなしており、ただヨルダン川を「渡る」だけで「外国」に行くとはみなしていなかったからである。もちろん、イスラエル側はヨルダン川を越えることはイスラエルへの「入国」とみなしていた。

さらに時が経過して、委任統治期の共産主義運動の研究からイラク系ユダヤ人の共産主義運動の研究をするようになった。イラク系ユダヤ人共産主義者がなぜシオニズムに反対していたにもかかわらず、バグダードからイスラエルに移民したのかという問題に取り組んでいたのだが、私自身も追体験する必要があると考えるようになり、一九九〇年からエルサレムに二年間滞在する機会を得たのである。そのときのイスラエル経験は『見えざるユダヤ人――イスラエルの〈東洋〉』(平凡社、一九九八年)にまとめた。留学から帰国後も頻繁にイスラエルを訪れるようになって、ずいぶんと私自身のイスラエル・イメージも変わっていった。イスラエルの現実に生きている人びとの個々の体験を通してイスラエルを見るようになったからである。

にもかかわらず、イスラエルを訪問するたびに、私自身がナショナリズムとしてのシオニズム運動とは何かにこだわりつつイスラエル社会を考えていたときに、どうしても抵抗を感じる見方があった。それはホロコーストの悲劇の結果としてイスラエル建国があったと説明するような語り口に対してであった。本当にホロコーストだけでイスラエルの建国を説明できるのか。建国自体はむしろシオニズムそのものの内在的な発展の中にその解答を見出すべきなのではないか。

同時に、イスラエルの右翼ナショナリストといわれる人びとはどのような考え方をもっており、ホロコーストをどう見ているのかも知る必要があるとも感じた。それは、イスラエル留学中に知り合った、「イスラエルの声」というアラビア語ラジオ局に勤めるドイツ系ユダヤ人の友人からの話がきっかけとなったからである。彼はプリンストン大学で博士号を取得したアラビストでもあった。あるとき、彼の車で一緒にヤド・ヴァシェム(ホロコースト博物館)を見渡せる場所を通りかかったとき、彼が吐き捨てるように言ったのである。その言葉はいまだに忘れられない。「こんなものがあるから、イスラエルは国家として正常化できないんだ」と。彼はホロコーストをイスラエル国家建設の正当化に使うことをはっきりと拒絶する立場に立っている。いつまでもホロコーストにこだわり続けると、イスラエル国民として健全な発展を遂げることができないというのが、世俗的な右派ナショナリストとしての彼の考えの一つであった。反ユダヤ主義から生まれたシオニズムに基づくイスラエル国家という考え方が私の頭の中にあるので、イスラエルが正常化して「普通の国家」になるとはどういうことなのかということを、真剣に考えるきっかけになった。

もちろん、アラブ人とユダヤ人の共存を求める「ハト派」といわれるシオニスト左派知識人は、和平達成への期待を膨らませてくれるイスラエルの「良心」を代表する存在である。私自身もそのようなシオニスト左派知識人の著作をよく読んでいた。前述のように一九九〇年秋から二年ほどエルサレムに滞在したとき、エルサレム・ヘブライ大学に付設されている「ウルパン」という語学校のヘブライ語コースに毎日のように通った。それまで私は、ヘブライ語を学んでもシオニズムという反動的な政治イデオロギーには「洗脳」されないぞという構えで語学学習に取り組んでいた。そんなときに私と同世代のヘブライ語教師が言ったことで、イスラエルのハト派シオニストの人びとがどんな考え方を抱いているかの一端を知ることになった。「われわれの世代(一九五〇年代中頃生まれということだが)にとって、シオニズムという大きな物語を語れる時代はもう終わってしまったのも同然なんだ。ぼくが本当に問題にしたいのは日常生活のなかの「何か些細なこと《マシェフ・カタン》」を通してなんだ」と。

しかし、このような心優しいハト派の人たちがほんとうにイスラエルを動かしてきたのか、という疑問をその頃から強く感じはじめていた。現在のイスラエルでは和平を達成しようとするハト派の意見は黙殺されてしまっているといっても過言ではないし、もう壊滅してしまったといっていい状況である。それはなぜかを考えることも本書の目的の一つであった。また、イスラエル社会に広く浸透しているパレスチナ人への強硬論を主張する人びとの心情を彼らの理屈を通して理解しなければ、イスラエルを本当に知ったことにはならないのではないか、という気持ちが強まっていった。パレスチナ人に対する戦争すらも「対テロ戦争」で正当化するシオニズムの核心部分を、内在的に理解しなければならないと思ったのである。

しかし、アラブ研究からイスラエル研究に入った中東研究者としては、強面のイスラエルを理解したいという気持ちは当然もってしかるべきものだった。シオニスト強硬派がイスラエルの安全保障という名の下に、パレスチナ人を一方的にテロリストと決めつけ、テロリスト殲滅のために暴力行使も辞さない、というような心情と論理を内側から理解しようという試みがほとんどなされてこなかったからである。

私はこのところ、イスラエルはヨーロッパ(あるいはアメリカ)の外延として思想的に捉えていかなければわからないと考えるようになっている。中東イスラーム世界、とりわけアラブ諸国のユダヤ人移民の視座からイスラエル社会を捉えてきた者としては、今、イスラエルを語ることに限界を感じている。しかし、二一世紀に入ってイスラエル研究の若い世代が育ってきており、おそらく近い将来、ヨーロッパ諸語とヘブライ語を駆使した新しいイスラエル論が書かれることになるであろう。その意味では、この新書も二〇世紀終わりの四半世紀という過去における私の経験を踏まえたイスラエル論であることを自覚しつつ、若い世代による将来のイスラエル論への布石になれば幸いだと考えている。

最後に、本書の執筆にあたっては岩波書店の小田野耕明氏に一方ならぬお世話になった。新書執筆の話をいただいてからずいぶんと年月がたってしまった。大阪から東京に職場が変わったにもかかわらず、執筆は遅々として進まなかった。小田野氏が何度も研究室に足を運んでくれてようやくこのようなかたちになった。イスラエル社会が閉塞状況にある現在だからこそ、現代イスラエルについての本を早く出版すべきだと思いつつ、ひとえに私自身の怠慢のためにここまで来てしまった。とにもかくにも、小田野氏にこの場を借りて心からお礼申し上げたい。

二〇〇九年二月

臼杵　陽

岩波新書新赤版一〇〇〇点に際して

ひとつの時代が終わったと言われて久しい。だが、その先にいかなる時代を展望するのか、私たちはその輪郭すら描きえていない。二〇世紀から持ち越した課題の多くは、未だ解決の緒を見つけることのできないままであり、二一世紀が新たに招きよせた問題も少なくない。グローバル資本主義の浸透、憎悪の連鎖、暴力の応酬——世界は混沌として深い不安の只中にある。

現代社会においては変化が常態となり、速さと新しさに絶対的な価値が与えられた。消費社会の深化と情報技術の革命は、種々の境界を無くし、人々の生活やコミュニケーションの様式を根底から変容させてきた。ライフスタイルは多様化し、一面では個人の生き方をそれぞれが選びとる時代が始まっている。同時に、新たな格差が生まれ、様々な次元での亀裂や分断が深まっている。社会や歴史に対する意識が揺らぎ、普遍的な理念に対する根本的な懐疑や、現実を変えることへの無力感がひそかに根を張りつつある。そして生きることに誰もが困難を覚える時代が到来している。

しかし、日常生活のそれぞれの場で、自由と民主主義を獲得し実践することを通じて、私たち自身がそうした閉塞を乗り超え、希望の時代の幕開けを告げてゆくことは不可能ではあるまい。そのために、いま求められていること——それは、個と個の間で開かれた対話を積み重ねながら、人間らしく生きることの条件について一人ひとりが粘り強く思考することではないか。その営みの糧となるものが、教養に外ならないと私たちは考える。歴史とは何か、よく生きるとはいかなることか、世界そして人間はどこへ向かうべきなのか——こうした根源的な問いとの格闘が、文化と知の厚みを作り出し、個人と社会を支える基盤としての教養となった。まさにそのような教養への道案内こそ、岩波新書が創刊以来、追求してきたことである。

岩波新書は、日中戦争下の一九三八年一一月に赤版として創刊された。創刊の辞は、道義の精神に則らない日本の行動を憂慮し、批判的精神と良心的行動の欠如を戒めつつ、現代人の現代的教養を刊行の目的とする、と謳っている。以後、青版、黄版、新赤版と装いを改めながら、合計二五〇〇点余りを世に問うてきた。そして、いままた新赤版が一〇〇〇点を迎えたのを機に、人間の理性と良心への信頼を再確認し、それに裏打ちされた文化を培っていく決意を込めて、新しい装丁のもとに再出発したいと思う。一冊一冊から吹き出す新風が一人でも多くの読者の許に届くこと、そして希望ある時代への想像力を豊かにかき立てることを切に願う。

（二〇〇六年四月）

臼杵 陽

1956年大分県生まれ
1988年東京大学大学院国際関係論博士課程単位取得退学．京都大学博士(地域研究)
現在―日本女子大学文学部史学科教授
専攻―中東地域研究
著書―『見えざるユダヤ人』(平凡社)
『中東和平への道』(山川出版社)
『イスラムの近代を読みなおす』(毎日新聞社)
『原理主義』『世界化するパレスチナ／イスラエル紛争』(以上，岩波書店)
『イスラームはなぜ敵とされたのか』『大川周明』(以上，青土社)
『世界史の中のパレスチナ問題』(講談社)
『「中東」の世界史』『「ユダヤ」の世界史』(以上，作品社) ほか

イスラエル　　岩波新書(新赤版)1182

2009年4月21日 第1刷発行
2023年12月5日 第7刷発行

著　者　臼杵《うすき》 陽《あきら》

発行者　坂本政謙

発行所　株式会社 岩波書店
〒101-8002 東京都千代田区一ツ橋2-5-5
案内 03-5210-4000 営業部 03-5210-4111
https://www.iwanami.co.jp/

新書編集部 03-5210-4054
https://www.iwanami.co.jp/sin/

印刷・三陽社 カバー・半七印刷 製本・中永製本

ISBN 978-4-00-431182-9 　Printed in Japan

本書に登場する主要人物

ハイム・ヴァイツマン(1874～1952年)　イスラエル初代大統領．ピンスク(現ベラルーシ)生まれ．スイスで高等教育を受けてマンチェスター大学化学教授に就任．世界シオニスト機構議長として外交面で活躍．英国でのロビー活動でバルフォア宣言を引き出した．

ダヴィド・ベングリオン(1886～1973年)　イスラエル初代首相．プロンスク(現ポーランド領)生まれ．1906年にパレスチナ移民．社会主義シオニズムの指導者としてヒスタドルート総書記，ユダヤ機関執行委員長，建国後は首相兼国防相(48～53年)を務め，いったん引退したが55年に国防相として復帰，56～61年，61～63年まで首相兼国防相を再度兼務し，カリスマ的な政治家としてイスラエルの基礎を築いた．

ゼェヴ・ウラジミール・ジャボティンスキー(1880～1940年)　修正主義シオニスト指導者で地下武装組織イルグン軍の創設者．オデッサ生まれ．文才にも恵まれてロシア語やイディシュ語をはじめとして数カ国語で著作を著している．

メナヘム・ベギン(1913～92年)　リクード党選出の初めてのイスラエル首相．ブレスト・リトフスク(現ベラルーシ)生まれ．イルグン軍の指導者として頭角を現し，建国後は修正主義シオニズム政党ヘルート党，ガハール党，そしてリクード党の党首を歴任，77年に首相．エジプトとの和平条約を締結．

モシェ・シャレット(1894～1965年)　イスラエル初代外相(48～56年)，第2代首相(54～55年)．ヘルソン(現ウクライナ)生まれ．ハト派の外交姿勢でアラブ諸国との和平を試みたが，ベングリオンとの確執で失脚，下野した．『シャレット日記』は建国期の貴重な記録である．

本書に登場する主要人物

レヴィ・エシュコル(1895～1969 年)　ウクライナのキエフ近くの村出身．ベングリオンの後継者として財務畑で頭角を現し，マパイ労働党の指導者となる．首相(63～69 年)時代に六日間戦争で大勝利を収めたが，在職中に心臓発作で死去した．

ゴルダ・メイール(メイヤー)(1898～1978 年)　イスラエル初の女性首相．キエフ生まれ．米国で教育を受け，委任統治期にパレスチナに移民，対英交渉で活躍．建国後は初代ソ連大使，56 年にシャレットを継いで外相，そしてエシュコルを継いで 69 年に首相に就任した．しかし，ヨーム・キップール戦争の緒戦敗北の責任をとって，74 年に首相を辞任した．

モシェ・ダヤン(1915～81 年)　最初のキブーツのデガニヤ生まれ．国防軍参謀総長(53～58 年)としてスエズ戦争，国防相(67～74 年)として六日間戦争を指揮して勝利を収めて国民的英雄になった．晩年はリクード政権の外相(77～79 年)を務めた．

アリエル・シャロン(1928 年～　)　モシャーヴ・クファル - マラール生まれ．ヨーム・キップール戦争で戦局を挽回して英雄と讃えられたが参謀総長の座は逃した．政界入りしてリクード党結成の立役者となったが，国防相(81～83 年)としてパレスチナ難民虐殺事件の責任を問われた．01 年に首相に就任してからは対パレスチナ強硬路線をとったが 05 年 9 月にガザ撤退を実現．11 月にリクード党を離党してカディーマ党を結成したが，翌月脳卒中で倒れた．

イツハク・ラビン(1922～95 年)　エルサレム生まれ．エシュコル首相によって参謀総長に任命されて六日間戦争を勝利に導いた．メイール辞任後，パレスチナ生まれの最初の首相(74～77 年)になった．リクード党から労働党に政権を奪還して首相(92～95 年)に就任すると，93 年 9 月に PLO とオスロ合意を締結．しかし，95 年 11 月に和平反対派の青年に暗殺された．

イスラエル国会選挙結果

議席数．ゴシック体は政権与党．ただし
会期中の連立組み替えについては省いた．

1期(1949年1月25日)

マパイ労働党	46
統一労働者党	19
統一宗教党	16
ヘルート(自由)党	14
一般シオニスト党	7
進歩党	5
スファラディ・オリエンタル党	4
マキ共産党	4
ナザレ民主リスト	2
その他	3

2期(1951年7月30日)

マパイ労働党	45
一般シオニスト党	20
統一労働者党	15
ミズラヒー労働党，ミズラヒー党	10
ヘルート(自由)党	8
マキ共産党	5
アグダト・イスラエル，同労働者党	5
その他	12

3期(1955年7月26日)

マパイ労働党	40
ヘルート(自由)党	15
一般シオニスト党	13
国家宗教党	11
労働統一党	10
統一労働者党	9
律法宗教戦線(アグダト)	6
マキ共産党	6
進歩党	5
その他	5

4期(1959年11月3日)

マパイ労働党	47
ヘルート(自由)党	17
国家宗教党	12
統一労働者党	9
一般シオニスト党	8
労働統一党	7
律法宗教党(アグダト)	6
進歩党	6
マキ共産党	3
その他	5

5期(1961年8月15日)

マパイ労働党	42
ヘルート(自由)党	17
リベラル党	17
国家宗教党	12
統一労働者党	9
労働統一党	8
マキ共産党	5
アグダト・イスラエル党	4
その他	6

6期(1965年11月1日)

労働党連合	45
ガハール党	26
国家宗教党	11
ラフィ党	10
統一労働者党	8
独立リベラル党	5
アグダト・イスラエル党	4
ラカハ共産党	3
マキ共産党	1
その他	7

イスラエル国会選挙結果

7期（1969年10月28日）

労働党連合	56
ガハール党	26
国家宗教党	12
アグダト・イスラエル党	4
独立リベラル党	4
ラカハ共産党	3
マキ共産党	1
その他	14

8期（1973年12月31日）

労働党連合	51
リクード党	39
国家宗教党	10
宗教律法リスト	5
独立リベラル党	4
ラカハ共産党	4
ラッツ党	3
その他	4

9期（1977年5月17日）

リクード党	43
労働党連合	32
ダッシュ党	15
国家宗教党	12
ハダシュ共産党	5
アグダト・イスラエル党	4
その他	9

10期（1981年6月30日）

リクード党	48
労働党連合	47
国家宗教党	6
アグダト・イスラエル党	4
ハダシュ共産党	4
タミ党	3
テヒヤ党	3
その他	5

11期（1984年7月23日）

労働党連合	44
リクード党	41
テヒヤ党	5
国家宗教党	4
ハダシュ共産党	4
シャス党	4
シヌイ党	3
ラッツ党	3
ヤハド党	3
カハ党	1
その他	8

12期（1988年11月1日）

リクード党	40
労働党連合	39
シャス党	6
アグダト・イスラエル党	5
ラッツ党	5
国家宗教党	5
ハダシュ共産党	4
テヒヤ党	3
統一労働者党	3
その他	10

13期（1992年6月23日）

労働党	44
リクード党	32
メレツ党	12
ツォメト党	8
国家宗教党	6
シャス党	6
ユダヤ教統一律法党	4
ハダシュ共産党	3
祖国党	3
アラブ民主党	2

14期(1996年5月9日)

労働党	34
リクード＝ゲシェル＝ツォメト連合	32
シャス党	10
国家宗教党	9
メレツ党	9
イスラエル移民党	7
ハダシュ共産党＝バラド党	5
ユダヤ教統一律法党	4
第三の道党	4
統一アラブ・リスト	4
祖国党	2

15期(1999年5月17日)

一つのイスラエル(労働党)	26
リクード党	19
シャス党	17
メレツ党	10
イスラエル移民党	6
シヌイ党	6
中央党	6
国家宗教党	5
ユダヤ教統一律法党	5
統一アラブ・リスト	5
国民連合	4
ハダシュ共産党	3
我が家イスラエル	4
バラド党	2
一つの民族党	2

16期(2003年1月28日)

リクード党	38
労働党＝メイマド	19
シヌイ党	15
シャス党	11
国民連合	7
メレツ＝ヤハド＝民主変革	6
国家宗教党	6
ユダヤ教統一律法党	5
ハダシュ共産党＝タアル	3
一つの民族	3
バラド党	3
イスラエル移民党	2
統一アラブ・リスト	2

17期(2006年3月28日)

カディーマ党	29
労働党＝メイマド	19
シャス党	12
リクード党	12
我が家イスラエル	11
国民連合＝国家宗教党	9
ギール(年金)党	7
ユダヤ教統一律法党	6
メレツ＝ヤハド党	5
統一アラブ・リスト＝タアル	4
ハダシュ共産党	3
バラド党	3

18期(2009年2月10日)

カディーマ党	28
リクード党	27
我が家イスラエル	15
労働党	13
シャス党	11
ユダヤ教統一律法党	5
国民連合＝国家宗教党	4
ハダシュ共産党	4
統一アラブ・リスト＝タアル	4
メレツ党	3
ユダヤ人の家	3
バラド党	3

参考文献

池田明史『イスラエル国家の諸問題』アジア経済研究所，1994 年
臼杵　陽『見えざるユダヤ人――イスラエルの〈東洋〉』平凡社選書，1998 年
笈川博一『内側からみたイスラエル』時事通信社，1994 年
奥山真知『イスラエルの政治文化とシチズンシップ』東信堂，2002 年
栗谷川福子『イスラエル――ありのままの姿』岩波現代文庫，2002 年
木村修三『中東和平とイスラエル』有斐閣，1991 年
M・ギルバート著，千本健一郎訳『イスラエル全史(上・下)』朝日新聞出版，2008-09 年
菅瀬晶子『イスラエルのアラブ人キリスト教徒――その社会とアイデンティティ』渓水社，2009 年
立山良司『揺れるユダヤ人国家――ポスト・シオニズム』文春新書，2000 年
田浪亜央江『〈不在者〉たちのイスラエル――占領文化とパレスチナ』インパクト出版会，2008 年
早尾貴紀『ユダヤとイスラエルのあいだ――民族／国民のアポリア』青土社，2008 年
森まり子『シオニズムとアラブ――ジャボティンスキーとイスラエル右派 1880～2005 年』講談社選書メチエ，2008 年

Black, Edwin, *The Transfer Agreement : The Dramatic Story of the Pact between the Third Reich & Jewish Palestine*, Cambridge : Bookline Books, 1999.

Cohen, Mitchell, *Zion and State : Nation, Class and the Shaping of Modern Israel*, Oxford : Blackewll, 1987.

Davis, Uri, *Israel : An Apartheid State*, London : Zed Press, 1987.

Deshen, Shlomo, Charles S. Liebman & Moshe Shokeid, *Israeli Judaism*, The Sociology of Religion in Israel, VolumeVII, New Brunswick : Transaction, 1995.

Evron, Boas, *Jewish State or Israeli Nation?*, Bloomington & Indianapolis: Indiana U. P., 1995.

Eisenstadt, S. N., *The Transformation of Israeli Society*, London: Weidenfeld & Nicolson, 1985.

Flapan, Simha, *The Birth of Israel: Myths and Realities*, London: Croom Helm, 1987.

Giladi, G. N., *Discord in Zion: Conflict Between Ashkenazi & Sephardi Jews in Israel*, London: Scorpion, 1990.

Horowitz, Dan & Moshe Lissak, *Trouble in Utopia: The Overburdened Polity of Israel*, Albany: SUNY Press, 1989.

Kimmerling, Baruch, *The Israeli State and Society: Boundaries & Frontiers*, Albany: SUNY Press, 1988.

Liebman, Charles S. & Eliezer Don-Yehiya, *Civil Religion in Israel*, Berkeley: University of California Press, 1983.

Lustick, Ian, *Arabs in the Jewish State: Israel's Control of a National Minority*, Austin: University of Texas Press, 1980.

Medding, Peter Y., *The Founding of Israeli Democracy 1948-1967*, Oxford: Oxford U. P., 1990.

Morris, Benny, *The Birth of the Palestinian Refugee Problem, 1947-1949*, Cambridge: Cambridge U. P., 1987.

Newman, David, *The Impact of Gush Emunim: Politics and Settlement in the West Bank*, New York: St. Martin's Press, 1985.

Orr, Akiva, *The unJewish State: The Politics of Jewish Identity in Israel*, London: Ithaca, 1983.

Perlmutter, Amos, *Politics and the Military in Israel 1967-77*, London: Fran Cass, 1987.

Ravitzky, Aviezer, *Messianism, Zionism, and Jewish Religious Radicalism*, Chicago: The University of Chicago Press, 1996.

Rouhana, Nadim N., *Palestinian Citizens in an Ethnic Jewish State: Identities in Conflict*, New Haven: Yale U. P., 1997.

Segev, Tom, *1949 The First Israelis*, New York: The Free Press, 1986.

Segev, Tom, *The Seventh Million: The Israelis and the Holocaust*, New York: Henry Holt, 2000.

Shafir, Gershon, *Land, Labor and the Origins of the Israeli-Palestinian Conflict, 1882-1914*, Berkeley & Los Angeles: University of California Press, 1996.

Shafir, Gershon & Yoav Peled eds., *The New Israel: Peacemaking and Liberalization*, Boulder: Westview, 1999.

Shafir, Gershon & Yoav Peled, *Being Israeli: The Dynamics of Multiple Citizenship*, Cambridge: Cambridge U. P., 2002.

Shahak, Israel & Mezvinsky, Norton, *Jewish Fundamentalism in Israel*, London: Pluto, 1999.

Shalev, Michael, *Labour and the Political Economy in Israel*, Oxford: Oxford U. P., 1992.

Shlaim, Avi, *The Iron Wall: Israel and the Arab World*, London: Norton, 2001.

Silberstein, Laurence J., *The Postzionism Debates: Knowledge and Power in Israeli Culture*, New York & London: Routledge, 1999.

Smooha, Sammy, *Israel: Pluralism and Conflict*, London: Routledge & Kegan Paul, 1978.

Sprinzak, Ehud, *Brother against Brother: Violence and Extremism in Israeli Politics from Altalena to the Rabin Assassination*, New York: The Free Press, 1999.

Sternhell, Zeev, *The Founding Myths of Israel*, Princeton, NJ: Princeton U. P., 1998.

Swirski, Shlomo, *Israel: The Oriental Majority*, London: Zed Books, 1989.

Wistrich, Robert & David Ohana, *The Shaping of Israeli Identity: Myth, Memory and Trauma*, London: Frank Cass, 1995.

Yiftachel, Oren, *Ethnocracy: Land and Identity Politics in Israel/Palestine*, Philadelphia: University of Pennsylvania Press, 2006.

Zerubavel, Yael, *Recovered Roots: Collective Memory and the Making of Israeli National Tradition*, Chicago: The University of Chicago Press, 1995.

Zweig, Ronald W., *David Ben-Gurion: Politics and Leadership in Israel*, London and Portland: Frank Cass, 1991.